외국어는 경쟁력!

외국어는 당신을 우월하게 만들어주는 경쟁력입니다. 경쟁력은 당신이 앞으로 하게 될 일, 명함에 새겨질 직함, 급여 수준, 타게 될 자동차의 배기량, 당신이 살게 될 지역, 아파트의 크기, 사귀게 될 사람들의 수준, 배우자의 외모, 자녀들이 다니게 될 학교, 즐겨 입는 옷의 브랜드, 여름마다 가게 될 휴양지, 그리고 그 밖의 많은 것을 결정하는 데 중요한 역할을 한다는 것을 기억하십시오. 언어는 힘입니다.

코 또 바 와   치 까 라
ことばは ちから!
언어 는   힘!

하루에 딱 10단어!
하루 일본어 첫걸음 어휘 확장팩

Copyright © 2012 하루 일본어 첫걸음 어휘 확장팩 by Cow & Bridge Publishing Co. all rights reserved.
이 책의 저작권 및 출판권은 도서출판 소와다리가 소유합니다.

1판 3쇄   2013년 9월 5일

지은이   릿쿄 랭기지랩 인스티튜트
발행인   김동근
발행처   소와다리
주 소   인천광역시 남구 구월로 40번길 6-21번지 3가동 302호
대표전화 0505-719-7787
팩시밀리 0505-719-7788
출판등록 제2011-000015호(2011년 8월 3일)
이 메 일 sowadari@naver.com

※파본 및 낙장은 구입하신 서점을 통해 바꾸어드립니다.

ISBN 978-89-967035-2-5 14730
ISBN 978-89-967035-0-1 (세트)

하루 일본어 첫걸음
어휘 확장팩
VOCABULARY EXPANSION PACKAGE

리스트식 단어장은 이제 그만! **문장으로 공부**

문장 속에 단어 있고, 문장 속에 문법 있다!

인간의 단기기억은 학습 직후부터 망각이 시작되어 1시간이 지나면 80% 이상이 사라져버리기 때문에 기존의 리스트식 단어장으로는 효율적으로 어휘를 확장할 수 없습니다.

이미 단어 공부를 해봐서 아시겠지만, 기존의 리스트식 단어장으로는 효율적으로 어휘를 확장할 수 없습니다. 인간의 뇌는 리스트식으로 단어를 기억하지 않기 때문입니다. 물론 1,000개 2,000개의 단어를 달달 읽으면 그 중 일부를 잠시 기억할 수 있겠지만 단기기억 공간에 쑤셔 넣을 수는 있겠지만 인간의 단기기억은 학습 직후부터 망각이 시작되어 1시간이 지나면 80% 이상이 사라져버립니다.

단어를 외운다는 것은 단기기억 영역의 단어를 장기기억 영역으로 옮기는 것을 말합니다. 단기기억이 장기기억으로 전환되는 과정에는 학습 횟수뿐 아니라 단어를 학습할 때의 분위기, 그 단어를 접했을 때의 감정, 과거 경험 등 여러 요인이 작용합니다. 예를 들어 딸기를 좋아하는 사람이라면 いちご 이찌고(딸기)라는 단어를 보는 순간, 뇌는 작년에 외할머니 댁에 놀러 가서 맛있게 いちご를 먹었던 일을 떠올리고 이것을 중요한 단어라고 인식하여 장기기억을 해버리겠죠. 그렇게 복합적인 과정을 거쳐 단어는 뇌에 각인되고 평생 잊지 않게 됩니다. 그러므로 문장 속에서 익힌 단어는 문장 전체의 내용과 함께 뇌에 오랫동안 기억될 확률이 매우 높습니다.

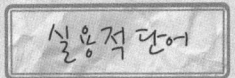

시험은 시험이고 실생활은 실생활인 거죠!

시험용 단어를 아무리 기를 쓰고 외워도 일본어 실력이 늘었다고 느껴지지 않는 이유가 바로 그때문입니다. 그 반면, 실생활에 자주 쓰이는 어휘와 표현은 조금만 공부해도 일본어 실력이 부쩍 늘었다는 것을 즉시 느낄 수 있습니다.

토익 점수 높다고 영어 잘 하는 거 아닙니다. 토익 900점 맞은 사람도 대부분 미국 사람 앞에서는 얼어버립니다. 실생활에서 쓸 수 없는 어휘만 잔뜩 외웠기 때문이죠. 일본어도 마찬가지입니다. JLPT 시험에 나오는 필수 단어라 해도, 실생활에서 쓸 일이 거의 없는 단어가 많이 있습니다.

우리가 일본에 놀러가서 친구와 대화를 할 때 営む(이토나무:경영하다)라는 단어를 쓸 일이 과연 있을까요? 시험용 단어를 아무리 외워도 일본어 실력이 늘었다고 느껴지지 않는 이유가 바로 그것입니다. 시험은 시험이고 실생활은 실생활인 거죠. 실생활에 자주 쓰이는 어휘와 표현은, 정말 조금만 공부해도 일본어 실력이 부쩍 늘었다는 것을 느낄 수 있습니다. 이 책을 읽고 드라마나 영화를 한번 보세요. 전보다 귀가 뚫린 것을 바로 체감할 수 있습니다. 더불어 문법은 모르더라도 상황에 맞는 단어 정도는 금방 떠오르게 될 것입니다.

이 책의 특징
예습, 독해, 복습, 연습

予 | 미리 보고

본문에 나오는 단어와 문법을 미리 접해봄으로써 본격적인 본문 학습에 들어가서는 막히지 않고 술술 읽을 수 있게 됩니다.

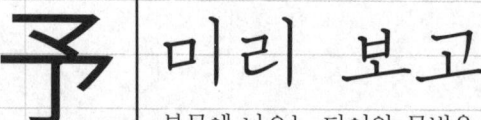

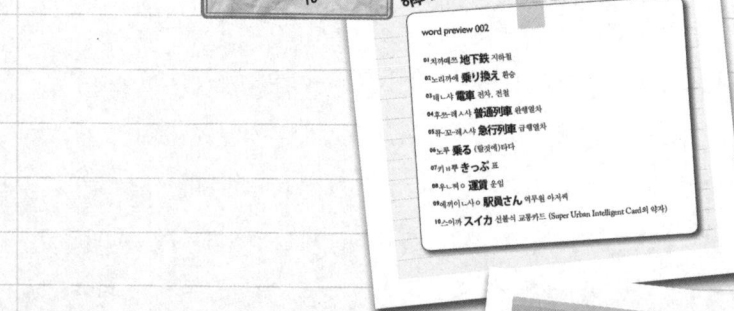

読 | 읽어보고

본문을 읽으면서 그 안에 녹아 있는 단어를 자기도 모르게 흡수하게 됩니다. 단어만 외우는 것이 아니라 단어와 관계된 상황들도 함께 익히게 되므로 더 쉽게 기억할 수 있습니다.

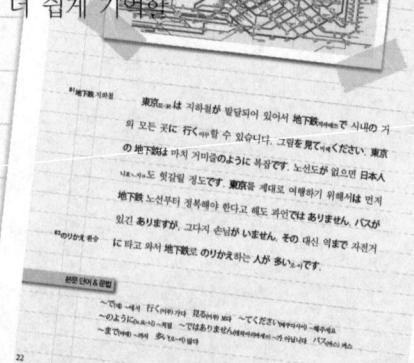

이 책의 특징
예습, 독해, 복습, 연습

複 | 다시 보고

본문에 나왔던 단어들 중에서 중요한 단어를 또 한 번 복습하여 얼마나 외웠는지 파악할 수 있습니다. 다시 본문을 읽게 되면 일본어 실력이 엄청나게 향상되었다는 것을 알 수 있습니다.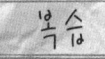

習 | 익히고

한 챕터에서 배운 단어와 발음, 뜻을 연결하여 종합적으로 평가할 수 있습니다. 선 잇기를 통해 재미있게 놀이처럼 단어를 공부할 수 있습니다.

CONTENTS

15쪽 공항 — 비행기를_{히꼬-끼니} 타고_{노ㅅ떼} 가자_{이꼬-}
飛行機に 乗って 行こう

21쪽 지하철 — 도쿄의_{토-꾜-노} 지하철_{치까떼쯔}
東京の 地下鉄

27쪽 호텔 — 호텔에_{호떼루니} 체크인_{체ㄱ꾸이ㄴ} 했습니다_{시마시따}
ホテルに チェックイン しました

33쪽 편의점 — 편의점에서_{코ㅁ비니데} 맥주를_{비-루오} 삽니다_{카이마쓰}
コンビニで ビールを 買います

39쪽 길찾기 — 길을_{미찌니} 잃어 마요ㅅ떼 버렸어요_{시마이마시따}
道に 迷って しまいました

45쪽 인사 — 저기요_{아노}, 죄송한데요_{스미마세ㅇ}
あの、すいません

57쪽 얼굴 — 얼굴에는_{카오니와} 무엇이_{나니가} 있나요?_{아리마스까}
顔には 何が ありますか?

63쪽 손발 — 손가락에도_{유비니모} 이름이_{나마에가} 있다구요_{아리마스요}
指にも 名前が ありますよ

69쪽 외모 — 제_{와따시노} 타입이_{타이뿌쟈} 아니시네요_{아리마세ㄴ네}
私の タイプじゃ ありませんね

75쪽 성격 — 성격은_{세-까꾸와} 평생_{이쑈-} 바뀌지 않는다_{카와라나이}
性格は 一生 変わらない

81쪽 감정 — 희_키 노도 애_{아이} 락_{라꾸}
喜怒哀楽

87쪽 감각 — 보고_{미떼} 듣고_{키-떼} 느끼다_{카ㄴ지루}
見て 聞いて 感じる

95쪽 생리현상 — 배_{오나까} 고프다_{스이따}
お腹 すいた

구리코 아저씨

103쪽 자연	밤 하늘은 요조라와 별의 호시노 바다 우미 夜空は 星の 海
109쪽 날씨	내일의 아스노 날씨입니다 오떼ㅇ끼데쓰 明日の お天気です
115쪽 동물	동물의 도-부쯔노 왕 오- 動物の 王
121쪽 곤충	벌레와 무시또 곤충 코ㄴ쮸- 虫と 昆虫
127쪽 새	까마귀의 카라스노 나라 쿠니 烏の 国
133쪽 생선	회전초밥을 카이뗀즈시오 공략하라! 코-랴꾸세요! 回転寿司を 攻略せよ!
139쪽 꽃	베르사이유의 베루사이유노 장미 바라 ベルサイユの バラ
145쪽 과일	사과는 리ㅇ고와 맛있어 오이시- りんごは おいしい
151쪽 야채	야채가게 야오야노 아저씨 오지사ㅇ 八百屋の おじさん

CONTENTS

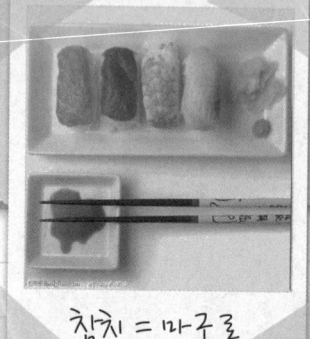

스시

참치 = 마구로

159쪽 주소	주소를 쥬-쇼오 읽어요ㄴ데 보자요ㄴ데미요- 住所を 読んで みよう	
165쪽 외식	포장이세요?오모찌까에리데스까 お持ち帰りですか?	
171쪽 쇼핑	쇼핑하러 카이모노니 갈래?이까나이 買い物に 行かない?	
177쪽 화장품	여자의 죠세-노 천국 테ㅇ꼬꾸 드럭스토어 도라ㄱ구스토아 女性の 天国 ドラッグストア	
183쪽 옷	양복의요-후꾸노 아오야마 아오야마 洋服の 青山	
189쪽 화장실	화장실은 토이레와 어디입니까? 도꼬데스까 トイレは どこですか?	
195쪽 전화	여보세요 모시모시 もしもし	
201쪽 컴퓨터	컴퓨터 파소꼬니 다운됐어 카타마ㅅ따 パソコン かたまった	
207쪽 목욕	목욕을 오후로니 합니다 하이리마쓰 お風呂に 入ります	
213쪽 주거	일본에는 니호ㄴ니와 아파트가 아빠-또가 없다 나이 日本には アパートが ない	

- 222쪽 호칭 — 김이라고 키무또 합니다 모-시마쓰
  金と 申します
- 229쪽 가족 — 가족은 고까조꾸와 몇 분 나니니 이세요? 데스까?
  ご家族は 何人 ですか?
- 235쪽 인칭 — 나 와따시, 너 아나따 그리고 소시떼 우리 와따시따찌
  私 あなた そして 私たち
- 241쪽 연애 — 나 오레 너 오마에노꼬또 좋아해! 스끼
  おれ お前のこと 好き!
- 247쪽 정치 — 일본의 니혼노 정치 세-지
  日本の 政治
- 253쪽 사건 — 오늘의 쿄-노 사건사고 데끼고또
  今日の 出来事
- 259쪽 사고 — 자연 시젠 재해 사이가이
  自然 災害
- 265쪽 돈 — 대출은 카시다시와 은행에서 기o꼬-데
  貸し出しは 銀行で

- 273쪽 숫자 — 숫자를 스-지오 세다 카조에루
  数字を 数える
- 279쪽 단위 — 맥주 비-루 한 병 이뽀o, 고양이 네꼬 한 마리 이삐끼
  ビール 一本 猫 一匹
- 285쪽 시간 — Time waits for no one
  タイム・ウェイツ・フォー・ノーワン
- 291쪽 위치 — 위치와 이찌또 방향 호-꼬-
  位置と 方向
- 297쪽 관용어 — 고양이 네꼬노 손을 테오 빌리다 카리루
  猫の 手を 借りる
- 303쪽 속담 — 원숭이도 사루모 나무에서 키까라, 떨어진다 오찌루
  猿も 木から 落ちる
- 309쪽 경어 — 분실물과 와스레모노또 잊으신 물건 오와스레모노
  忘れ物と お忘れ物
- 315쪽 사투리 — 진짜가? 마지데 정말이랑게! 호o마야
  マジで? ほんまや!

CHAPTER 001

비행기를 히꼬-끼니 타고 노^스떼 가자 이꼬-
飛行機に 乗って 行こう

하루 일본어 첫걸음
어휘 확장팩
VOCABULARY EXPANSION PACKAGE

하루에 딱 10단어!

word preview 001

01 후네 **船** 배
02 후나비o **船便** 배편
03 히꼬-끼 **飛行機** 비행기
04 코-꾸-비o **航空便** 항공편
05 쿠-꼬- **空港** 공항
06 파스뽀-또 **パスポート** 여권(passport)
07 스-쯔께-스 **スーツケース** 여행용가방(suitcase)
08 테니모쯔 **手荷物** 수화물
09 슈ㄱ꼬꾸시ㄴ사 **出国審査** 출국심사
10 뉴-꼬꾸시ㄴ사 **入国審査** 입국심사
11 료-가에 **両替** 환전

CHAPTER 001

비행기를 히꼬-끼니 타고노ㅅ떼 가자이꼬-
飛行機に 乗って 行こう

01 船 배
02 船便 배편

日本에 가려면 船후네나 비행기に 타고 海우미를 건너야 합니다. 船便후나비ㅇ은 저녁에 부산에서 출발해서 翌朝요꾸아사 下関시모노세키에 도착하는 부관페리가 있어요. しかし그러나 下関에서 다시 여행 거점 도시の 東京나 大阪로 移動이도-해야 하니까 조금 불편할 수도 있답니다. 恋人코이비또과 함께 ゆれる흔들리다하는 3등 선실에 모포 깔고 夜요루를 보내는 특별한 経験케-께ㅇ을 하고 싶은 경우가 아니라면! 그냥 航

03 航空便 항공편
エアー便 항공편

空便코-꾸-비ㅇ을 이용해서 東京나 大阪에서 바로 おりる내리다하는 것이 폼도 나고 時間지까ㅇ적으로도 여유롭지 않을까 합니다. 料金료-끼ㅇは 제주항공과 ジャル가 저렴하고 대한항공と 아시아나は 그 より보다 약간 高い타까이한 편です.

본문 단어 & 문법

海(우미) 바다 翌朝(요꾸아사) 다음날 아침 移動(이도-) 이동 恋人(코이비또) 애인
夜(요루) 밤 経験(케-께-) 경험 時間(지까o) 시간 料金(료-끼o) 요금
ジャル(쟈루) JAL 高い(타까이) 비싸다

16

空港쿠-꼬-には 적어도 飛行機히꼬-끼 이륙 2시간 前마에에 도착해야 해요. 여행 성수기에는 出国슈-꼬꾸하려는 사람が 많아서 출국手続き테쯔즈끼 밟는 데 시간が 꽤 かかる걸리다하기 때문인데요, トイレ화장실도 가고 免税店멘제-떼o도 구경하면서 느긋하게 해외여행 분위기 좀 내다보면 시간 금방 갑니다.

공항에 도착して해서 각 항공사 카운터에 パスポート와 예매권을 보여주면 보딩패스를 줍니다. 그리고 여기에다 スーツケース을 맡기면 목적지 空港で 찾을 수 있어요. 보딩패스에는 飛行機 번호와 탑승 게이트, 좌석번호가 적혀 있으니까 絶対제ㅅ따이 잃어버리면 안 됩니다. 출국게이트를 통과하면 이제 映画에-가에서 많이 보던 장면이 펼쳐집니다. 手荷物테니모쯔는 컨베이어벨트에 실려 X선 검사를 받고 사람은 금속탐지기를 통과하는 거죠. ポケット 속 コイン 때문에 삐익~ 벨트 때문에 또 삐익~. 몇 번 왔다 갔다 하면 금방 オッケーOK됩니다. 소지품 중에 高이타까이한 물건が 있으면 税関제-까o에 신고해야 하는 거 아시죠? 이제 출국심사だけ만 받으면 되는데, 무서운 아저씨들이 目메를 부라리고 います. 누가 죄짓고 외국으로 도망가나 안 가나 보는 거죠. 여러분のように처럼 착한 사람は 그냥 척 보고 출국 도장 꽝! 찍어주니까 너무 心配시ㅁ빠이하지 마세요.

04 空港 공항
05 飛行機 비행기
06 パスポート 여권
07 スーツケース

08 手荷物 수하물

본문 단어 & 문법

前(마에) 전　手続き(테쯔즈끼) 수속　免税店(메ㄴ제-떼o) 면세점　絶対(제ㅅ따이) 절대
税関(제-까o) 세관　います(이마스) 있습니다　心配(시ㅁ빠이) 걱정

09 出国審査 출국심사

化粧品 화장품

出国슈ㅡㅋ꼬꾸審査시ㄴ사를 하고 나면 면세점が 待つ마쯔하고 있어요. 외국에 있는 친지に 줄 プレゼント선물를 구입 하는 곳, じゃなくて이 아니라 여행 후 거칠어진 나의 피부를 진정시킬 ブランド品히ㄴ. 化粧品케쇼-히ㄴ을 사는 ところ곳입니다.

면세점を 구경을 했으면 이륙 30분 前마에에까지 탑승게이트로 가야합니다. 면세점と 탑승게이트は 상당히 遠い토-이하니까 주의してね. 잠시 いす의자에 앉아서 여행 계획을 점검하고 있으면 게이트가 열리고 人히또들이 줄을 서기 시작합니다. 선착순も 아니고 지정좌석이라 줄을 설 必要히쯔요-는 없는데 말이죠. 평소에 電車데ㄴ샤 타던 습관が 그대로 나오는 걸까요? 스튜어디스に 보딩패스를 보여주면 기내로 入る하이루할 수 있습니다. ジャル의 경우, 스튜어디스が 日本人니호ㄴ진인데, 한마디 건넬 チャンス기회가 있어요. 대답は 신경 쓸 거 없습니다. 어차피 알아듣지도 못하고 보딩패스에 다 적혀 있으니까요. 그냥 'ありがとうございます고맙습니다' 하고 말하면 됩니다. 근데 왜 물어보냐고요? 폼 나잖아요!

私의와따시노 席は세끼와 どこですか도꼬데스까?

본문 단어 & 문법

待つ(마쯔) 기다리다　～じゃない(쟈나이) ~가 아니다　ブランド品(부라ㄴ도히ㄴ) 명품
遠い(토-이) 멀다　人(히또) 사람　必要(히쯔요-) 필요　電車(데ㄴ샤) 전철　入る(하이루) 들어가다
席(세끼) 자리, 좌석　どこ(도꼬) 어디

거리는 가깝지만 어쨌든 일본도 외국이기 때문에 **国際線**코꾸사이세ㄴ**です**. 국제선の 또 다른 재미는 바로 기내식과 간식**です**. 비행기가 이륙해서 항로에 들어가면 **飲み物**노미모노나 간식을 나누어주기 시작합니다. 와인, **ビール**맥주, **ジュース**주스, **コーヒー**커피 등 취향에 따라 주문하시면 **いいです**됩니다. 기내식은 그때그때 달라요. 일본식 **弁当**벤또-가 나오기도 하고 햄버거 같은 게 나올 **時**토끼**も** 있습니다. **そろそろ**슬슬 도착할 때가 되었다 싶으면, 스튜어디스에게 **入国**뉴-꼬꾸카드를 달라고 해서 작성합니다. 도착한 다음에 쓰려고 하면 입국심사대 **前**에 줄**が** 길게 늘어서거든요. **せっかく**모처럼 외국에 **来たのに**왔는데 줄서느라 시간을 **ムダに**함부로 쓰면 안 되겠죠?

あの저기요, **入国カード**입국카드 **おねがいします**부탁해요.

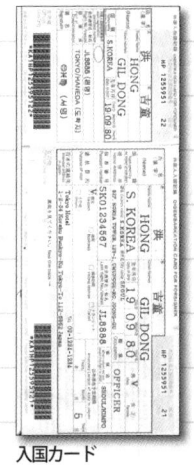

入国カード

일본 공항에 도착하면 외국인 줄에 서서 **入国**뉴-꼬꾸**審査**시ㄴ사를 받고 **スーツケース**여행가방을 찾아 공항을 탈출하면, **もう**이제 **日本**です. 사실 공항에는 **韓国人**카ㅇ꼬꾸지ㄴ**が** 득실거려서 여기가 일본**か**인지 한국**か** 잘 모르겠더라고요. 미처 환전을 하지 못했다면 **両替**료-가에라고 쓰여진 곳에서 환전을 하면 됩니다.

자, 아무튼 **ご苦労様でした**고꾸로-사마데시따.

ようこそ어서 오이소, **ジャパン**재팬!

¹⁰ **入国審査** 입국심사

¹¹ **両替** 환전

본문 단어 & 문법

国際線(코꾸사이세ㄴ) 국제선　**飲み物**(노미모노) 음료　**弁当**(벤또-) 도시락　**時**(토끼) 때
入国(뉴-꼬꾸) 입국　**無駄**(무다) 쓸데없음, 낭비　**お願**(오네가이) 부탁
ご苦労様(고꾸로-사마) 수고했음　**ようこそ**(요-꼬소) 잘 오셨습니다

この単語、覚えていますか？

이 단어, 기억하고 있습니까?

공항 •	• 船	• ぱすぽーと
여권 •	• 飛行機	• ふね
수화물 •	• 航空便	• しゅっこくしんさ
여행용가방 •	• 空港	• こうくうびん
항공편 •	• パスポート	• すーつけーす
출국심사 •	• スーツケース	• りょうがえ
비행기 •	• 手荷物	• くうこう
환전 •	• 出国審査	• ふなびん
배 •	• 入国審査	• にゅうこくしんさ
배편 •	• 両替	• てにもつ
입국심사 •	• 船便	• ひこうき

CHAPTER 002

도쿄의 토-꾜-노 지하철 치까떼쯔
東京の 地下鉄

하루에 딱 10단어!

**하루 일본어 첫걸음
어휘 확장팩
VOCABULARY EXPANSION PACKAGE**

word preview 002

01 치까떼쯔 **地下鉄** 지하철
02 노리까에 **乗り換え** 환승
03 데ㄴ샤 **電車** 전차, 전철
04 후쯔-레ㅅ샤 **普通列車** 완행열차
05 큐-꼬-레ㅅ샤 **急行列車** 급행열차
06 노루 **乗る** (탈것에) 타다
07 키ㅂ뿌 **きっぷ** 표
08 우ㄴ찌o **運賃** 운임
09 에끼이ㄴ사o **駅員さん** 역무원 아저씨
10 스이까 **スイカ** 선불식 교통카드 (Super Urban Intelligent Card의 약자)

21

CHAPTER 002

도쿄의(토-꼬-노) 지하철(치까떼쯔)
東京の 地下鉄

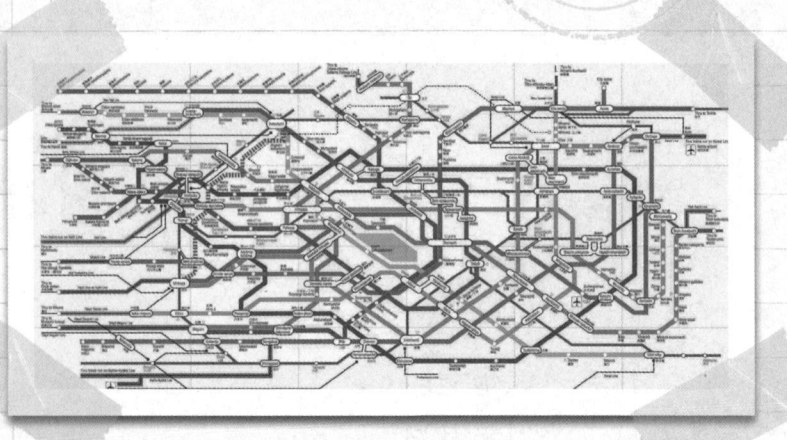

01 地下鉄 지하철

東京(토-꾜)は 지하철이 발달되어 있어서 地下鉄(치까떼쯔)で 시내의 거의 모든 곳に 行く(이꾸)할 수 있습니다. 그림を 見て(미떼)ください. 東京の 地下鉄は 마치 거미줄のように 복잡です. 노선도가 없으면 日本人(니혼진)도 헛갈릴 정도です. 東京를 제대로 여행하기 위해서は 먼저 地下鉄 노선부터 정복해야 한다고 해도 과언では ありません. バスが 있긴 ありますが, 그다지 손님が いません. 그 대신 역까지 자전거

02 のりかえ 환승

に 타고 와서 地下鉄로 のりかえ하는 人が 多い(오-이)です.

본문 단어 & 문법

~で(데) ~에서 行く(이꾸) 가다 見る(미루) 보다 ~てください(떼쿠다사이) ~해주세요
~のように(노요-니) ~처럼 ~ではありません(데와아리마세ㄴ) ~가 아닙니다 バス(바스) 버스
~まで(마데) ~까지 多い(오-이) 많다

日本(니혼)では 전기で 움직이는 列車(렛샤)を 통틀어 電車(덴샤)라고 합니다. 地下鉄と 하는 말도 물론 あります. しかし 地下鉄도 노선에 よって 일부 구간에서 지상으로 나올 때も 있기 때문에, 地下鉄보다 電車라고 하는 것が 더 일반적です. 지하로 들어가지 않고 지상으로만 다니는 電車를 노면電車と いいます. 대도시보다 한적한 교외 마을에서 볼 수 있습니다. 路面電車(로멘덴샤)は 電車に 비해 속도が 느리고 2~3칸 정도로 短い(미지까이)합니다. 싱어송라이터 YUI가 주연을 했던 映画(에-가) '태양의 노래'에 나왔던 江ノ島(에노시마) 지역の 路面電車인 江ノ電(에노덴)は 바닷가를 走る(하시루)하기 때문에 운치가 있기로 有名(유-메)です. 우리나라と 마찬가지로 일본にも 보통 列車と 급행 列車が あります. 普通(후쯔)列車는 모든 駅(에끼)で 정차하는 列車이고, 急行(큐-꼬)列車는 중간 駅은 멈추지 않고 통과하는 列車です. 그러니까 電車に 乗る(노루)하기 전に 車内放送(샤나이호-소)를 잘 듣는 것이 いいです.

03 電車 전차, 전철

路面電車 노면전차

04 普通列車 보통열차
05 急行列車 급행열차
06 乗る (탈것에)타다

본문 단어 & 문법

~も (모) ~도   ~によって (니요ㅅ떼) ~에 따라   ~といいます (또이-마스) 라고 합니다
~より (요리) ~보다   短い (미지까이) 짧다   走る (하시루) 달리다   有名 (유-메) 유명
車内放送 (샤나이호-소-) 차내방송

07 きっぷ 표

韓国카ㅇ꼬꾸と 마찬가지로 日本 역시 승차권발매기で きっぷ를 사야 합니다. 목적지を 선택하고 お金오까네を 넣으면 きっぷ가 나오는데, 日本は 運賃우ㄴ찌ㅇが 아주 高い타까이한 편です. 또 같은 東京に 있는

08 運賃 운임

전철이라도 국가에서 운영する 국영철도 JR山手線야마노테세ㄴと 도쿄都토에서 운영する 도영철도 都営도에이, 민간회사에서 운영하는 사철 東京メトロ토-꾜-메또로로 나뉩니다. 그런데 운영하는 회사が 다르면 요금체계も 다르기 때문에 乗り換え노리까에하기가 조금 むずかしい어렵다합니다. 예를 들어 JR山手線을 타고 가다가 중간에 都営線토에-세ㄴ으로 乗り換え노리까에하는 경우, 표를 다시 사거나 아예 처음부터 乗り換え할 수 있는 チケット티켓을 사야 합니다. 그렇지 않으면 개찰구 근처에

09 駅員さん 역무원

있는 駅員さん에끼이ㄴ사ㄴに 추가 運賃우ㄴ찌ㅇ을 내야 합니다. スイカ스이까と

10 スイカ 교통카드

いう 선불교통카드를 구입하면 乗り換え할 때 자동적으로 계산이 되기 때문에 便利베ㄴ리です. スイカの 잔액이 다 떨어지면 駅에끼에 있는 매점で チャージ충전할 수 있습니다.

본문 단어 & 문법

～と (또) ~와/과   お金 (오까네) 돈   ～する (스루) ~하다   難しい (무즈까시-) 어렵다
運賃 (우ㄴ찌ㅇ) 운임   便利 (베ㄴ리) 편리   駅 (에끼) 역

한 지역에 **長い**나가이하게 머물 **予定**요때-이라면 **定期券**테-끼께о**を** 구입하면 되는데, 정기권**は** 일정 기간 동안 일정 구간에 한해서 무제한으로 이용**できます**할 수 있습니다. **学校**가ㄱ꼬-와 집을 왕복**する** 학생들**に** 유용합니다. 하루나 이틀 정도 머무르는 여행자**は** **都区内**토쿠나이프리패스**とか**라든가 오픈티켓**を** **買う**카우하면 **一日**이찌니찌 동안 몇 번이고 **電車**를 이용**する** **こと**것**が** **できます**가능합니다.

定期券 정기권

都区内パス 프리패스

본문 단어 & 문법

長い(나가이) 길다　**予定**(요떼-) 예정　**～できます**(데끼마스) ~할 수 있습니다
学校(가ㄱ꼬-) 학교　**買う**(카우) 사다　**一日**(이찌니찌) 하루　**こと**(코또) 일, 것

この単語、覚えていますか?
이 단어, 기억하고 있습니까?

운임 •	• スイカ	• でんしゃ
환승 •	• 普通列車	• ふつうれっしゃ
지하철 •	• きっぷ	• きっぷ
(탈것에) 타다 •	• 地下鉄	• のる
전차, 전철 •	• 駅員さん	• すいか
교통카드 •	• 電車	• のりかえ
급행열차 •	• 乗り換え	• ちかてつ
표 •	• 運賃	• うんちん
완행열차 •	• 急行列車	• きゅうこうれっしゃ
역무원 아저씨 •	• 乗る	• えきいんさん

CHAPTER 003

호텔에 호떼루니 체크인 체ㄱ꾸이ㄴ 했습니다 시마시따
ホテルに チェックイン しました

하루에 딱 10단어!

하루 일본어 첫걸음
어휘 확장팩
VOCABULARY EXPANSION PACKAGE

word preview 003

01 요야꾸 **予約** 예약
02 체ㄱ꾸이ㅇ **チェックイン** 체크인(check-in)
03 체ㄱ꾸아우또 **チェックアウト** 체크아웃(check-out)
04 에끼스또라챠-지 **エキストラチャージ** 추가요금(extra charge)
05 하라우 **払う** 지불하다
06 토마루 **泊る** 묵다, 숙박하다
07 나가메 **眺め** 전망
08 쵸-쇼꾸쯔끼 **朝食付き** 아침식사 포함
09 타베호-다이 **食べ放題** 뷔페식
10 카-도끼- **カードキー** 카드키(card key)

27

CHAPTER 003

호텔에(호떼루니) 체크인(체ㄱ꾸이ㄴ) 했습니다(시마시따)
ホテルに チェックイン しました

휴, 어찌어찌 **ホテル**에 도착했네요. 프론트 직원**に** 어디서 **来た**(온)

01 **予約** 예약

누구라고 말하면서 **予約**(요야꾸)확인증 프린트한 것**を** 보여주면 그때그때 알아서 **部屋**(헤야)를 배정해줍니다. **カードキー**(카드키)를 받아서 **部屋**로 올라가면 **チェックイン** 성공! **チェックインは** 대개 **午後**(고고) 2시 정도 **から**(부터) 가능하고 **チェックアウトは 午前**(고젠)**.** 11시**から** 12時(지)**の** 사이

05 **払う** 지불하다

인데, 체크아웃**が** 늦어지면 시간당 **エキストラチャージ**(추가요금)를 **払う**(하라우)해야 하니까 잘 알아두는 게 좋아요. **目覚まし時計**(메자마시도께이)도 맞춰놓고요.

あの(저)**, 韓国から**(한국에서) **来た**(온) 장동건**ですが**(인데요)...
チェックアウトは(체크아웃은) **何時まで**(몇 시까지) **ですか**(입니까)?

본문 단어 & 문법

ホテル(호떼루) 호텔　**来る**(쿠루) 오다　**部屋**(헤야) 방　**午後**(고고) 오후
午前(고젠) 오전　**時**(지) 시　**目覚まし時計**(메자마시도께이-) 자명종　**何時**(나ㄴ지) 몇 시

28

가난한 여행자는 대개 **ビジネス**호텔에 **泊る**(토마루)하게 되는데, 좁은 **部屋** 안에 **ベッド**(침대)와 **つくえ**(책상), 소파, **テーブル**(테이블)가 콤팩트하게 배치되어 있습니다. **バス**(욕실)를 보면 여기가 과연 일본**だな**(이구나), 하실 걸요? **一人**(히또리)면 **シングル**, 둘이면 **ダブル**나 **ツイン**을 **予約**하면 됩니다. **シングル**が **いちばん**(제일) 싸고, 더블**より**(보다) 트윈が 조금 더 **高いです**(비쌉니다). 침대 **二つ**(후따쯔)가 들어가니까 당연한 거겠죠. 그리고 **あたりまえ**(당연)한 말이지만 층수가 높을수록 **眺め**(나가메)가 **いい**(좋다)합니다. 가능하면 **フロント** 직원한데 **眺めが**(전망이) **いい**(좋다)한 **ルーム**(룸)로 부탁하면 됩니다. 단, **眺めの いい**한 **部屋**, 다시 말해 높은 층의 방은 프리미엄이 붙을 수도 있다는 **こと**(것)!

眺めの(전망이) **いい部屋**(좋은 방) **おねがいします**(부탁해요).

⁰⁶**泊まる** 숙박하다

バス

⁰⁷**眺め** 전망

본문 단어 & 문법

ビジネスホテル(비지네스호떼루) 비즈니스호텔　**一人**(히또리) 한 명　**シングル**(시ㅇ구루) 싱글룸
ダブル(다부루) 더블룸　**ツイン**(츠이ㄴ) 트윈룸　**二つ**(후따쯔) 두 개　**フロント**(후로ㄴ또) 프론트

07 朝食付き 조식포함

그리고 ホテルを 予約する할 때 朝食쵸-쇼꾸付き쯔끼로 하면 호텔에 딸린 レストラン에서 朝아사ごはん을 食べる타베루할 수 있습니다. 주로 食べ放題타베호-다이인데, 세계 각국 사람들의 부스스한 모습을 볼 수 있는 チャンス죠. しかし하지만 보통 아침 十時쥬-지まで만 하는 관계로 朝寝坊아사네보-를 자면 朝ごはん을 굶어야 합니다. 일찍 일어난 鳥토리가 벌레를 잡는다! 옛말 틀린 거 하나도 ありません. ごはんを 食べて먹고 잠시 쉬었다면 곧 체크아웃を しなければ하지 않으면 なりません안 됩니다. 그럴 땐 프론트에 중후한 목소리로 インターフォン인터폰을 때리고 이렇게 외치세요!

いま지금 チェックアウト체크아웃 します하겠습니다!

본문 단어 & 문법

朝食(쵸-쇼꾸) 조식 付く(쯔꾸) 붙다 レストラン(레스또라о) 식당 朝ごはん(아사고하이) 아침밥
食べる(타베루) 먹다 放題(호-다이) 실컷 함 寝坊(네보-) 늦잠 鳥(토리) 새

아무튼 이제 일본 여행の 거점も 확보했으니 가벼운 心코꼬로로 호텔 まわり주변부터 탐색해봅시다. その그 前に전에 먼저 허기진 腹하라를 채우기 위해 コンビニ편의점에 들러야겠네요. 참! 出かける데까께루할 때는 カードキー 꼭 もって가지고 가시고요. ドア문를 닫으면 자동으로 ロック락됩니다. 카드키 없이 문을 닫았다면 사람을 呼ぶ요부하기 전에는 밖에서 開ける아께루 ことが できません.

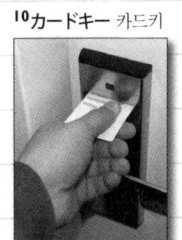

10 カードキー 카드키

본문 단어 & 문법

~の(노) ~의, ~인　心(코꼬로) 마음　腹(하라) 배　出かける(데까께루) 외출하다
持つ(모쯔) 가지다　呼ぶ(요부) 부르다　開ける(아께루) 열다

この単語、覚えていますか？
이 단어, 기억하고 있습니까?

지불하다 •	• 泊る •	• えきすとらちゃーじ
전망 •	• 食べ放題 •	• とまる
뷔페식 •	• カードキー •	• ちょうしょくつき
예약 •	• チェックイン •	• たべほうだい
체크인 •	• 眺め •	• はらう
체크아웃 •	• 予約 •	• かーどきー
아침식사 포함 •	• チェックアウト •	• ちぇっくいん
추가요금 •	• 払う •	• ちぇっくあうと
묵다, 숙박하다 •	• 朝食付き •	• ながめ
카드키 •	• エキストラチャージ •	• よやく

CHAPTER 004

편의점에서 코ㅁ비니데 맥주를 비-루오 삽니다 카이마쓰
コンビニで ビールを 買います

하루에 딱 10단어!

word preview 004

01 코ㅁ비니 **コンビニ** 편의점(convenience store)
02 우루 **売る** 팔다
03 비-루 **ビール** 맥주(beer)
04 사이후 **財布** 지갑
05 카우 **買う** 사다
06 테ㅇ이ㅇ **店員** 점원
07 오쯔리 **おつり** 잔돈
08 오까에시 **おかえし** 거스름돈
09 레시-또 **レシート** 영수증(receipt)
10 료-슈쇼 **領収書** 영수증

CHAPTER 004

편의점에서ョンビニで 맥주를ビールを 삽니다カイマス
コンビニで ビールを 買います

일본は 편의점の 나라라고 해도 **いい 過ぎ**이스기가 아닙니다. 그만큼 **コンビニ**가 **多い**오-이하다는 뜻이에요. 정말 모퉁이 하나 돌 때마다 **コンビニ**가 **あります**. 심지어는 편의점 옆에 편의점도 있고요. **夜**요루 내내 불을 환하게 밝히고 있어서 **まるで**마치 골목の **交番**코-방o 같은 존재입니다.

01 コンビニ 편의점

サンクス

02 売る 팔다

대신 정겨운 구멍가게는 자취를 감춘 지 오래죠. 우리にも 익숙한 **セブンイレブン**이나 **ファミリマート**도 있고, **サンクス** 같은 조금은 낯선 **コンビニ**も **あります**. 특이한 것은 **コンビニ**も 전국구와 지역구가 있어서 지역마다 잘 나가는 편의점が 다 다릅니다. 하지만 **売る**우루하는 물건은 거의 **同じ**오나지하다는 거!

본문 단어 & 문법

いう(유-) 말하다　過ぎる(스기루) 지나다　交番(코-방) 파출소　同じ(오나지) 같음

저녁に なると되면 동네 コンビニ는 퇴근 후 ビール 한 모금と 땅콩으로 하루の ストレス를 날려버리고 싶은 サラリーマン샐러리맨으로 넘쳐납니다. 漫画마○가 잡지나 유명 芸能人게-노-지○의 누드집이 나오는 日히면 책 가판대에 사람들이 우글우글 몰려들죠. 일본の 人々히또비또도 막상 보면 소박하답니다.

03 ビール 맥주

財布사이후가 かるい가볍다한 여행자들은 제대로 된 レストラン이나 食堂쇼꾸도よりは 편의점で 파는 弁当베ㄴ또나 おにぎり주먹밥, ソフトドリンク청량음료, ビール를 아무래도 자주 먹게 됩니다. 일본 편의점은 물건 そろえ구색가 아주 다양해서 정신을 차릴 수 없을 정도에요. 또 冷蔵庫레-조-꼬는 맥주 마니아들에겐 그야말로 たから보물창고죠. 다양한 味아지의 ビール들로 いっぱい하거든요. 실제로 日本の 1인당 ビール 소비량은 세계적인 수준이라 일본을 ビールの 国쿠니と 하는 것도 無理무리では가 ありません아닙니다.

04 財布 지갑

본문 단어 & 문법

~になる(니나루) ~가 되다   ビール(비-루) 맥주   ストレス(스또레스) 스트레스
漫画(마○가) 만화   芸能人(게-노-지○) 연예인   日(히) 날   人々(히또비또) 사람들
食堂(쇼꾸도-) 식당   品揃え(시나조로에) 구색   冷蔵庫(레-조-꼬) 냉장고
味(아지) 맛   いっぱい(이ㅂ빠이) 가득   国(쿠니) 나라   無理(무리) 무리, 억지

05 買う 사다
06 店員 점원

사실 **日本語**(니호ㅇ고)를 잘 못해도 **コンビニ**で 물건을 **買う**(사다)하는 데는 아무런 지장이 **ありません**. 물건 골라서 **バイト**(알바)하는 **店員**(테ㅇ이ㅇ)이 있는 **カウンター**로 가져가면 알아서 계산해주거든요. **お金**(오까네) 주고 **おつり**(잔돈) 받으면 **おしまい**(끝)입니다. 산수는 만국공통이니까 **話**(하나시)가 **要る**(이루)하지 않죠. 그래도 일본까지 왔는데 **日本語** 한 마디도 안 하면 섭섭하겠지요? 그럴 **時**(때는) 물건 갖다 주면서 '**いくら**(얼마)**ですか?**' 하면 됩니다. 그러면 점원이 '뿅뿅**円**(에ㄴ)**で ございます**'라고 하는데 그냥 지폐 주면 '뿅뿅**円 おあずかりました**(받았습니다). 뿅뿅**円 の おかえし**(거스름돈)**です**'라고 하는데 거기까지 알아들을 **必要**(히쯔요-)는 없어요. **おかえし**는 '거스름돈'인데, **かえす**는 '돌려주다, 갚다' 이런 뜻이에요. **おかえし**(거스름돈)를 **おつり**(잔돈)라고 하는 사람도 있어요.

07 おつり 잔돈

08 おかえし 거스름돈

본문 단어 & 문법

日本語(니호ㅇ고) 일본어 カウンター(카우ㄴ타-) 카운터 話(하나시) 말 要る(이루) 필요하다
~でございます(데고자이마스) ~입니다 預かる(아즈까루) 맡다

완벽한 마무리는 レシート receipt까지 받는 건데요. 出張 슈人쵸도 아니고 領収書 료-슈쇼가 꼭 필요지 않지만 おもしろい 재미있다 하잖아요! 'レシート 영수증 おねがいします 부탁합니다'하면 レシート에 はんこ 도장 꽝 찍어 주더군요. レシート라고 해도 되고 한자로 領収書라고 해도 됩니다. 어떤 분은 領収書 くださいっ! 과 말하는데 ください는 약한 命令 메-레-조라... 領収書 내놔! 정도로 생각하시고 場合 바아이에 よって 따라 쓰시길 당부합니다.

09 レシート 영수증

10 領収書 영수증

본문 단어 & 문법

出張 (슈人쵸-) 출장   命令 (메-레-) 명령   場合 (바아이) 경우   ~によって (니요人떼) ~에 따라

この単語コノタンゴ、覚えてオボエテ いますかイマスカ?

이 단어, 기억하고 있습니까?

편의점・	・財布・	・こんびに
팔다・	・ビール・	・おつり
맥주・	・買う・	・びーる
지갑・	・売る・	・さいふ
사다・	・レシート・	・かう
점원・	・おつり・	・れしーと
잔돈・	・おかえし・	・うる
거스름돈・	・店員・	・てんいん
영수증・	・領収書・	・りょうしゅしょ
영수증(전표)・	・コンビニ・	・おかえし

CHAPTER 005

길을 미찌니 잃어 마요스떼 버렸어요 시마이마시따
道に 迷って しまいました

하루 일본어 첫걸음
어휘 확장팩
VOCABULARY EXPANSION PACKAGE

하루에 딱 10단어!

word preview 005

01 마이고 **迷子** 미아
02 미찌 **道** 길
03 쥬-지로 **十字路** 사거리
04 마가루 **曲がる** 굽다, 휘어지다
05 오-다ㅇ호도- **横断歩道** 횡단보도
06 호도-꾜- **歩道橋** 육교
07 무까이 **向かい** 맞은편
08 이꾸 **行く** 가다
09 마스스구 **まっすぐ** 똑바로
10 카까루 **かかる** (시간이) 걸리다

CHAPTER 005

길을 미찌니 잃어 마요ㅅ떼 버렸어요 시마이마시따
道に 迷って しまいました

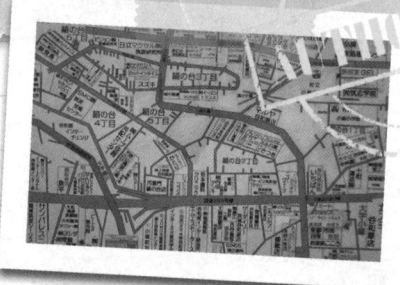

들뜬 마음에 **ひとなみ**인파를 따라 돌아다니다보면 **ここ**여기가 **どこ**어디인지 당췌 **わかる**알다할 수 없게 되는 **場**경우**が あります**. 표지판도 전부 한자나 일본어고, **たとえ**설령 그걸 **読む**요무할 수 있다고 **しても**해도 도쿄, 오사카, **新宿**시ㄴ쥬꾸 뿐이 **知らない**시라나이 당신에는 그다지 **役に**야꾸니 **立つ**타쯔할 거 같지 않군요. 이제 당신은 국제**迷子**마이고가 되었습니다. **おめでとう**축하해요! 그럴 땐 **行き交う**유끼까우하는 사람에 **道**미찌를 물어보는 게 **いちばん**제일입니다. 사실 길을 물어보는 건 **とても**매우 쉬워요. 정말 큰 **問題**모ㄴ다이**は** 길을 설명해주는 것을 도통 **聞き取る**키끼토루할 수가 없다는 거죠.

01 迷子 미아
02 道 길

あの저기, **すみません**죄송한데요,
道に길을 **迷って**잃고 **しまいました**말았어요.
原宿駅まで신쥬꾸역까지 **行くんですけど**가는데요...

본문 단어 & 문법

読む (요무) 읽다　知らない (시라나이) 모르다　役に立つ (야꾸니타쯔) 도움이 되다
行き交う (유끼까우) 오가다　問題 (모ㄴ다이) 문제　聞き取る (키끼토루) 알아듣다
迷う (마요우) 길을 잃다, 헤매다

もし만약 일본인이 'この이 道를길을 따라 쭉 가다가 보면 銀行기○꼬- 앞에 十字路쥬-지로가 나오는데 거기서 左히다리로 まがる굽다하면 コンビ二の 前に 橫斷步道오-다○호도が 있거든요? 그걸 わたる건너다해서 右미기 に 曲がる마가루하면 꽃집이 나와요. 花屋하나야 골목으로 계속 들어가면 大通り오-도-리가 나오는데, 步道橋호도-꾜- 건너서 다시 왼쪽に 曲がる해 서 가다보면 向かい무까이に 原宿하라쥬꾸역이 見える미에루할 겁니다' 라고 한다면 우리は 알아듣지도 못했으면서 그냥 こう이렇게 말하죠. あ아, そうですか그래요? ありがとうございました감사합니다.

03 十字路 사거리

04 曲がる 휘어지다

05 橫斷步道 횡단보도

06 步道橋 육교

07 向かい 맞은편

그리고 본능을 따라 스스로 道미찌を さがす찾다합니다. 그러다 점점 더 인적 뜸한 ところ곳로 가게 되고 結局케ㄱ꾜꾸 엄청나게 高い비싸다한 일본の タクシーに 乗る노루해서 간다, 뭐 이런 シナリオ인 거죠.

본문 단어 & 문법

銀行(기○꼬-) 은행　左(히다리) 왼쪽　右(미기) 오른쪽　花屋(하나야) 꽃집
見える(미에루) 보이다　大通り(오-도-리) 큰길　結局(케ㄱ꾜꾸) 결국　タクシー(타꾸시-) 택시

길 探し_{사가시}도 결국 영어 듣기평가랑 同じです_{마찬가지입니다}. 핵심 単語_{타ㅇ고} 몇 가지만 알아들으면 대충 찾아갈 수 できます. 물론 끝까지 다 聞く_{키꾸}할 생각 마시고 일단 처음 가라는 데 まで_{까지} 行く_{가다}해서 また_또 물어보면 생각より_{보다} 쉽게 道_{미찌}를 찾을 수 있답니다.

08 行く 가다

09 まっすぐ 똑바로

まっすぐ_{똑바로} 行くと_{가면}

右に_{오른쪽으로} まがると_{꺾어지면}

左に_{왼쪽으로} 曲がると_{꺾어지면}

05 橫斷步道 횡단보도

橫斷步道を_{횡단보도를} わたると_{건너면}

步道橋を_{육교를} わたると_{건너면}

十字路_{사거리를} わたると_{건너면}

十分_{십분} ぐらい_{정도} かかる_{걸리다}

10 かかる 걸리다

むこう側_{건너편}

본문 단어 & 문법

探し(사가시) 찾기   探す(사가스) 찾다   単語(타ㅇ고) 단어   聞く(키꾸) 듣다   側(카와) 쪽, 편그럼 下시따의 地図치즈를 보고 한번 まち거리를 마음대로 돌아다녀 보세요. 자기가 가는 みち길를 설명하면서 말이죠. 여기서 우측으로 꺾어지면 出口데구찌가 나오네? 出口를 건너면 무슨무슨 通り도-리네? 하면서요. 조금 익숙해졌다면 JR有楽町유-라꾸쵸-역 中央口츄-오-구찌부터 豚ドン부따도o으로 유명한 松屋마쯔야를 찾아가보세요. 힌트를 드리자면 지도 맨 아래 있습니다.

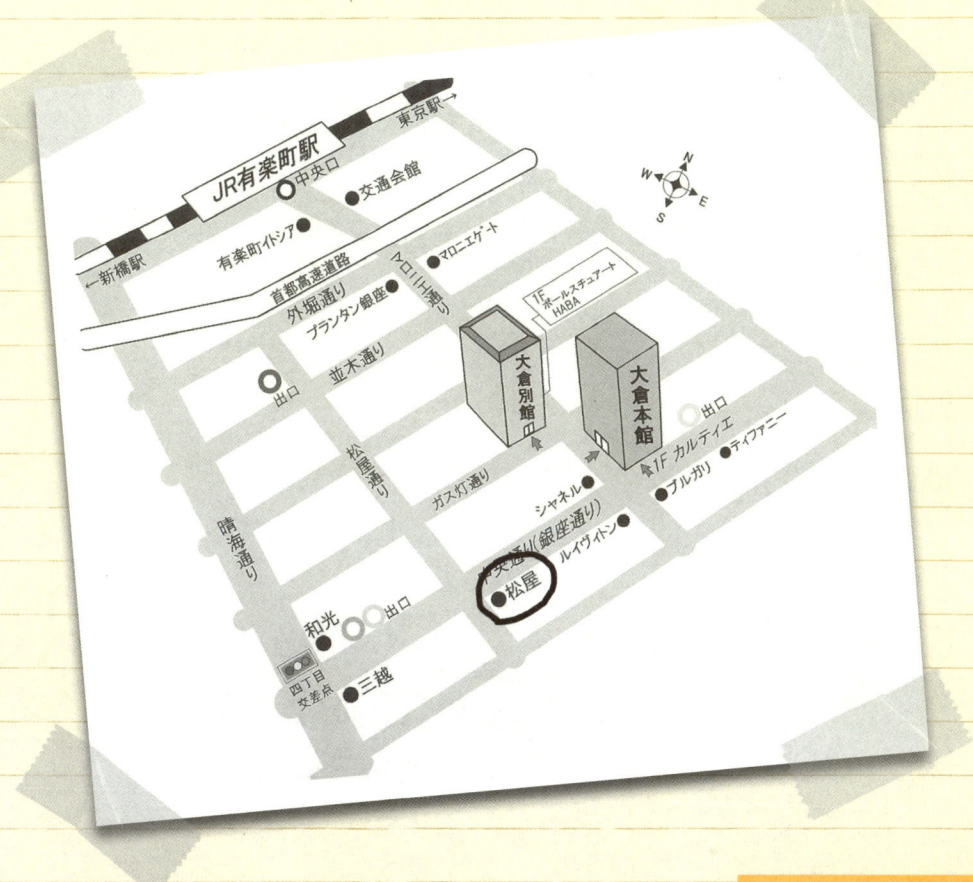

본문 단어 & 문법

下(시따) 아래　地図(치즈) 지도　街(마찌) 거리　松屋(마쯔야) 부타동을 파는 식당
~通り(도-리) ~거리, 큰길

この単語コノタ○ゴ、覚えてオボエテマ いますかイマスカ？

이 단어, 기억하고 있습니까?

길・	・迷子・	・みち
육교・	・道・	・いく
맞은편・	・十字路・	・かかる
가다・	・曲がる・	・むかい
사거리・	・横断歩道・	・まっすぐ
미아・	・歩道橋・	・まいご
횡단보도・	・向かい・	・じゅうじろ
똑바로・	・行く・	・ほどうきょう
(시간이)걸리다・	・まっすぐ・	・まがる
굽다, 휘어지다・	・かかる・	・おうだんほどう

CHAPTER 006

저기요 아노, 죄송한데요 스이마세。
あの、すいません

하루에 딱 10단어!

어휘 확장팩
VOCABULARY EXPANSION PACKAGE

word preview 006

01 아우 **会う** 만나다
02 아이사쯔 **挨拶** 인사
03 오하요-고자이마스 **おはようございます** good morning
04 코니니찌와 **こんにちは** good afternoon
05 코로바○와 **こんばんは** good evening
06 오야스미나사이 **おやすみなさい** good night
07 이ㅅ떼끼마스 **行って来ます** 다녀오겠습니다
08 이ㅅ떼이라ㅅ샤이 **行っていらっしゃい** 다녀오세요
09 오까에리나사이 **おかえりなさい** 이제 오셨어요
10 이따다끼마스 **いただきます** 잘 먹겠습니다
11 고찌소-사마데시따 **ごちそうさまでした** 잘 먹었습니다
12 아리가또-고자이마스 **ありがとうございます** 고맙습니다
13 스미마세○ **すみません** 미안합니다
14 소레쟈 **それじゃ** 그럼 이만

CHAPTER 006

저기요아노, 죄송한데요스이마세오
あの、すいません

01 会う 만나다
02 挨拶 인사

우리나라는 会う아우하면 '안녕하세요' 하나면 되는데 일본은 朝아사, 昼히루, 夜요루마다 挨拶아이사쯔가 다 다릅니다. 참 힘들게 사네요. 하지만 挨拶는 그 国쿠니의 역사とか라든가 文化부○까와 깊은 관계가 있습니다. 백성들이 하루하루 いのち목숨 부지하기가 힘들었던 나라는 아침 점심 저녁の 挨拶가 다 다릅니다. 하루に 何度나ㄴ도씩も이나 안부를 確認카꾸니。해야 했으니 뭐라 할 수는 없지요. 그럼 아침인사から부터 차근차근 알아볼까요?

본문 단어 & 문법

朝(아사) 아침   昼(히루) 낮   夜(요루) 밤   文化(부○까) 문화
何度(나ㄴ도) 몇 번   確認(카꾸니) 확인

03 お早うございます

먼저 **おはようございます** good morning 부터.

맨 앞에 붙은 **お**는 정중의 표현이고, **はよう**는 **はやい**이르다의 교토, 오사카 쪽 사투립니다. **ございます**는 **です**입니다의 정중한 표현이고요.

お높임＋**はよう**이르다＋**ございます**입니다＝**はやいです**이릅니다.

그럴 **必要**히쯔요**는 ないです**가없지만 굳이 해석하자면 **早い**하야이한 아침부터 무슨 일로 나오셨냐, 일찍 **おきる**일어나다하셨네요 **ぐらい**정도랄까요. 근데 인사말에 왜 **なまり**사투리를 쓰냐고요? **いま**지금**는 東京**가 **日本の** 중심이지만, **むかし**옛날**는 京都**쿄-또, **大阪**오-사까 지역이 **政治**세-지**の** 중심지였기 **から**때문**です**. 그 **歷史**레끼시적 전통이 언어 속**に のこる**남다해 있는 거죠. 친구**どうし**끼리는 그냥 짧게 **おはよう**라고 하는게 **一般的**이빠ㄴ떼끼인데, 껄렁껄렁한 아이들은 맨 앞의 **お**와 맨 뒤의 **す**만 발음해서 **おっす**라고 하기도 합니다.

おっす방가.

おは하이.

본문 단어 & 문법

政治(세-지) 정치　**歷史**(레끼시) 역사　**一般的**(이빠ㄴ떼끼) 일반적

04 今日は 그 다음은 こんにちは good afternoon.

こん은 이, にち는 날, は는 주격조사 은/는 ですから 이니까, 말 그대로 '오늘은' です. '오늘은 天気 테ㅇ끼가 좋네요' 정도로 뭐 あまり그다지

05 今晩は 의미는 ない 형식적な인 挨拶 아이사쯔가 되겠네요. 저녁인사 こんばんは good evening 도 마찬가집니다. 가운데 들어있는 ばん이 '밤'이란 뜻이거든요. こんばんは는 '오늘 밤은 별고 ありませんか?' 정도に 생각하시면 됩니다. 근데 こんにちは가 발음이 すこし조금 거시기 한지 요즘 젊은 人히또들은 こんちは라고 하고 불편한 に를 빼버리더군요.

こんちは 안나세요.

06 お休みなさい 자기 전 인사는 おやすみなさい good night 인데 우리말に 직역하면 달랑 '쉬세요' です. 우리는 '안녕히 주무세요'인데 말이죠. やすみ는 やすむ 쉬다에서 온 것인데, お+동사연용형+なさい는 정중な한 말, 또는 정중한 권유라고 言う 말하다 할 수 있습니다. やすむ는 5단동사니까 연용형으로 만들면 む가 み로 바뀝니다.

본문 단어 & 문법

天気(테ㅇ끼) 날씨   あまり~ない(아마리~나이) 그다지 ~하지 않다   休む(야스무) 쉬다

아침에 **学校**가ㄱ꼬- 갈 때 **こども**아이들은 **いって**갔다**きます**오겠습니다라고 하는데, 동사원형**は** 의지를 나타내기도 해요. **ですから**그래서 '갔다가 **かならず**반드시 오겠습니다' 이런 뜻인 거죠. 인사**が** 나름 의미심장하네요. 그럼 어머니는 이렇게 말하죠. [07] 行って来ます

いっていらっしゃい~.

[08] いってらっしゃい

いらっしゃい는 **いらっしゃる**의 명령형인데 **来る**오다의 높임말이죠. 그러니까 '갔다가 오세요'**と**라고 **いう**하는 **です**.

학교 갔다 왔으면 **ただいま**라고 하는데 **ただ**는 막, 금방이고, **いま**는 지금이란 뜻인데, 해석하면 '지금 막(돌아왔어요)'가 되네요. 그럼 어머니가 현관으로 나오면서 이러시죠.

おかえりなさい~.

[09] お帰りなさい

이건 **おやすみなさい**랑 같아요. **かえり**는 **かえる**돌아오다의 연용형 **ですから**이니까, 돌아오세요, 이런 뜻.

おかあさん어머니가 おいしい맛있다한 ごはん밥을 차려주시죠. 그러면 はし젓가락를 엄지에 끼우고 손を 모아 こう이렇게 말합니다.

¹⁰頂きます
いただきます잘 먹겠습니다~.

映画에-가 보면 많이 나오지요? いただく는 たべる먹다의 겸양어, 그러니까 낮춤말です. 높임말は めしあがる드시다, 또 다른 낮춤말は 食う쿠 정도로 알아두시면 됩니다.

다 食べる타베루하고 나면 또 인사를 해요.

¹¹ご馳走様でした
ごちそうさまでした잘 먹었습니다.

ごちそう는 진수성찬이란 뜻이고 さま는 공손한 뜻을 더하는 말이니까 대충 어떤 意味이미의 인사か인지 잘 아시겠지요? 그러니까 お母さん이 차려주신 밥상は 투정하지 말고 おいしい하게, 감사하게 먹고 꼭 고맙다는 말을 하세요.

¹²有難うございます
고마울 時토끼는 ありがとうございます고맙습니다라고 하는데 ありがたい고맙다에서 온 말입니다. あり는 ある있다의 연용형이고 ~がたい는 '~하기 어렵다'는 뜻인데 직역하면 '있기 힘들다, 없다' 이런 뜻입니다. なに무엇가 없다는 것でしょうか일까요? 그 말은 '당신が 나に 은혜를 베풀었지만 わたし나는 마땅히 은혜를 갚을 방법が ない'라는 意味의미です.

본문 단어 & 문법

映画(에-가) 영화 食う(쿠-) 먹다, 처먹다 意味(이미) 의미 美味しい(오이시-) 맛있다

죄송하다는 말 **すみません**은 **すむ**갚다, 해결이 되다의 부정형**です**. 남자 **同士**도-시는 **すまない**해결이 안 되다라고 하기도 합니다. **何が** 해결이 안 된는 다는 걸까요? 내가 너에게 큰 **失礼**시쯔레를 했는데, 그걸로 끝이 아니라 나중에 반드시 갚겠다, 이런 뜻이고요. [13 済みません]

すまねー.

東京 근방**で**에서는 **ない**를 **ねー**라고 길게 **言います**. 즉 도쿄**の** **なまり**사투리인데요, 거기**が** 일본**の** 수도니까 표준말이 된 것이죠. 우리나라**も** **ソウル**서울 사투리가 있는데, **それを**그걸 표준어**と**라고 하는 것**と**과 **同じ**오나지입니다.

그리고 일본**では**에서는 **だれ**누구에게 사과할 때뿐만 아니라 말을 **かける**걸다할 때나 사람을 **呼ぶ**요부할 때 무조건 **すみません**이라고 합니다. 좀 가볍게 말할 **時**는 **み**가 **い**로 바뀌어서 **すいません**이 되지요.

すいません여기요, **ご勘定**카노죠-(계산) **おねがいします**부탁해요.

이런 식으로 **言う**말하다합니다.

본문 단어 & 문법

同士(도-시) 끼리   何(나이) 무엇   失礼(시쯔레-) 실례   同じ(오나지) 같음

'미안하다'고 할 때 **すみません**말고 다른 표현으로는 **ごめんなさい**가 있습니다. 줄여서 **ごめん**이라고도 하지요.

ごめん ごめん 미안 미안해

친한 사이에는 이걸 거꾸로 해서 **めんご めんご** 안미 안미 라고 하기도 해요. 그냥 장난을 좀 친 건데 친구가 너무 마음이 상했다면 **めんご めんご** 하면 됩니다.

그리고 큰 잘못을 했거나 윗사람에게 사과를 할 때는 이렇게 말해야 합니다.

申し訳ありません 모-시와께아리마세으

申す 모스는 '아뢰다, 말씀드리다' 정도이고 **訳** 와께는 '이유, 핑계', **ありません**은 '없습니다'니까 해석하자면 '뭐라 드릴 말씀이 없습니다'가 됩니다. 더 정중하게 하자면

申し訳ございません 죄송하옵나이다

그런데 이런 말을 할 실수를 안 하는 게 좋겠죠?

본문 단어 & 문법

呼ぶ (요부) 부르다　勘定 (카ㄴ죠-) 계산, 셈　言う (유-) 말하다

그리고 **わかれる**헤어지다 할 때는, **それでは**그럼라고 하는데 **また**또 **会いましょう**만납시다가 생략된 겁니다. **では**는 **じゃ**로 줄일 수 있다는 거 아시죠? 그래서 **それでは**를 **それじゃ**라고도 하고, 더 짧게 **じゃ, また**그럼 또 봐라든가 아예 **んじゃ**그러나 **またね**또 봐라고 확 줄이기도 한답니다. 일본 사람들은 줄이는 걸 좋아해요.

¹⁴**それじゃ**

もう벌써 こんな이런時間시간! 終電에막차 乗らなくちゃ타야 해!

じゃ그럼, また또 봐.

んじゃ안녕.

흔히 쓰는 작별의 인사는 **さようなら**입니다. 이것도 역시 오사카, 교토 지방의 사투리인데, **さよう**는 **そう**그렇다라는 뜻이고 **なら**~라면를 붙이니까 '그러면(이만)'이라는 뜻이 됩니다. 그러니까 **さようなら**나 **それでは**나 다 같은 뜻인거죠. 사무라이가 나오는 시대극을 보면 이런 말이 자주 나오니까 귀담아 들어보세요.

さようでござる그렇소이다.

본문 단어 & 문법

終電(슈-데ㄴ) 전철 막차   ~なくちゃ(나꾸쨔) ~해야 해

この単語、覚えていますか?
이 단어, 기억하고 있습니까?

아침인사 •　　　　　　　　• いただきます

점심인사 •　　　　　　　　• ごちそうさまでした

저녁인사 •　　　　　　　　• おやすみなさい

안녕히 주무세요 •　　　　　• こんにちは

다녀오겠습니다 •　　　　　　• 行って来ます

다녀오세요 •　　　　　　　　• さようなら

이제 오셨어요 •　　　　　　• おかえりなさい

잘 먹겠습니다 •　　　　　　• おはようございます

잘 먹었습니다 •　　　　　　• こんばんは

고맙습니다 •　　　　　　　　• それじゃ

미안합니다 •　　　　　　　　• 行っていらっしゃい

그럼 이만 •　　　　　　　　• ありがとうございます

안녕 •　　　　　　　　　　　• すみません

CHAPTER 007

얼굴에는카오니와 무엇이나니가 있나요아리마스까
顔には 何が ありますか

하루에 딱 10단어!

word preview 007

01 카오 顔 얼굴
02 메 目 눈
03 히따이 ひたい 이마
04 히또미 ひとみ 눈동자
05 하나 鼻 코
06 하나쿠소 鼻くそ 코딱지
07 쿠찌 口 입
08 쿠찌비루 くちびる 입술
09 호- ほお 볼
10 미미 耳 귀

CHAPTER 007

얼굴에는_{카오니와} 무엇이_{나니가} 있나요_{아리마스까}
顔には 何が ありますか

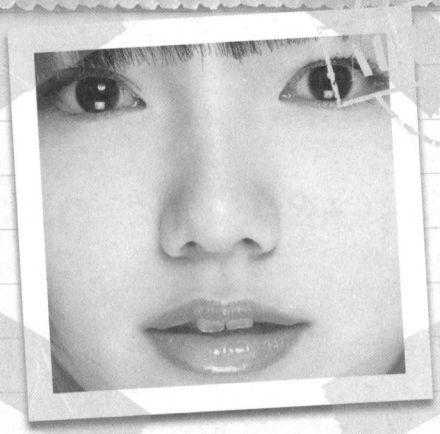

⁰¹顔 얼굴

⁰²目 눈

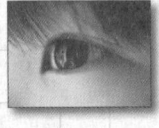

⁰²額 이마

顔_{카오}에서 一番_{이찌바} 중요한 것_は 바로 め_눈가 아닐까 思います_{생각}합니다. 目が 얼마나 중요하면 かみさま_신가 目에만 ふた_{뚜껑}를 달아주셨겠습니까. 우리の からだ_몸에서 ふた는 오직 まぶた_{눈꺼풀}뿐이 없습니다. 그럼 二重_{후따에} まぶた_{눈꺼풀}는 무슨 뜻일까요? 漢字_{카느지} 그대로 풀이하자면 이중 まぶた_{눈꺼풀}. ふた는 둘, え는 겹이란 뜻이니까, 답은 쌍꺼풀 되겠습니다. まぶた 끝에 け_털가 나 있는데요, 目에 먼지가 入る_{하이루}하는 것을 막아줍니다. 그걸 まつげ_{속눈썹}라고 합니다. 그리고 눈과 ひたい_{이마} 사이에 まゆげ_{눈썹}가 있어서 雨水_{아마미즈}가 目로 들어가는 것을 막아줍니다. 이게 다 目だま_{메다마}를 보호하기 위해서죠.

본문 단어 & 문법

一番(이찌바이) 가장 　思う(오모우) 생각하다 　二重(후따에) 이중 　漢字(카느지) 한자
入る(하이루) 들어가다 　雨水(아마미즈) 빗물 　雨(아메) 비 　水(미즈) 물

目だま는 뭐냐고요? 目메는 눈, たま는 구슬… 눈구슬? 그렇습니다. 눈알입니다. 놀라면 띠용~ 하고 튀어나오는 그 目だま눈깔.

冗談죠ー다ㅇ이고요, 아무튼 あなた당신の 아름다운 ひとみ눈동자에 乾杯   04 瞳 눈동자
카ㅁ빠이!

자, 그럼 ちょっと좀 아래로 내려가볼까요? 코는 일본어で はな입   05 鼻 코
니다. 花꽃도 はな라고 읽는데 둘 사이에 무슨 깊은 関係카ㅇ께でも라도? 아무 관계も ありません. 그럼 また또 문제. 콧물을 日本語で 뭐と라고 할까요? 단순하게 생각하세요. 鼻하나에서 흘러나오는 水미즈니까 鼻水 하나미즈입니다. 鼻水가 굳은 것을 鼻くそ라고 하는데, くそ는 똥と이라고   06 鼻くそ 코딱지
いう하는 뜻입니다.

코에 똥이라니…우욱… 쏠린다.

새끼손가락 됐다 뭐 해요. 鼻くそ 팔 때 쓰세요. 그러다가 鼻毛하나게가 삐져나왔다면 얼른 뽑아야죠. 그런데 鼻毛콧털 뽑고 있는 人히또를 見보다하면 정말 할 일 없어 見える보이다하잖아요. 그래서 멍하니 있는 사람을 보고 '鼻毛콧텔 뽑고 있다'고 합니다.

あいつ저 자식, 鼻毛코털 ぬいている뽑고 있어(무지 심심한가 봐).

본문 단어 & 문법

冗談(죠ー다이) 농담   乾杯(카ㅁ빠이) 건배   関係(카ㅇ께ー) 관계   毛(케) 털
抜く(누꾸) 뽑다, 빼다

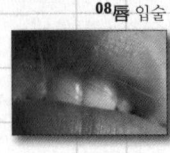

07 口 입
08 唇 입술

鼻에서 もう더 少し조금 내려오면 口구찌가 있지요. 두툼하고 부드러운 くちびる입술로 잘 덮여있어서 소중한 は이빨가 부러지지 않게 보호합니다. した혀는 とても매우 민감な한 기관이라 口의 안쪽 깊은 ところ곳에 납작 엎드려 있답니다. 목구멍에 달린 방울のように처럼 생긴 것을 ひこ목젖라고 하는데, この이 방울을 건드리면 딸랑딸랑~ 소리の かわりに대신에 우웨엑! 하는 おと소리가 납니다.

09 頬 볼

口구찌 양 옆에 오동통한 ほお볼가 있습니다. すこし좀 귀엽게 말하면 ほっぺた빰인데요. 私와따시は 웃을 때 ほお가 쏘옥 들어가는 えくぼ보조개가 있는 사람이 好きです좋아합니다. くぼ는 움푹 팬 곳이라는 뜻입니다. 근데 かた한쪽えくぼ보조개는 바람둥이일 가능성이 많다고 하네요. 바람피우다 걸리면 恋人코이비또한테 びんた싸대기를 맞을지도 모르니 조심하세요. 頬호-에 ひげ수염가 나면 頬ひげ구렛나루. 바로 생각나는 사람 있지요. 네, 엘비스 프레슬리. 근데 頬ひげ호-히게는 아무나 기르면 안 된다는 거 아시죠?

エルビス プレスリ

본문 단어 & 문법

少し(스꼬시) 조금　代わる(카와루) 대신하다　私(와따시) 나　好きだ(스끼다) 좋아하다
恋人(코이비또) 애인, 연인

頬ひげ보다 더 옆으로 가면 耳미미가 있습니다. 어젯밤 속삭였던 [10]耳귀 彼女카노죠의 달콤한 사랑고백が 아직도 耳もと귓가에 맴도네요. 잘 안 들린다고요? 耳あな귓구멍가 막히셨나, 그러니까 耳くそ귀지 좀 미리미리 파랬잖아요!

目메, 鼻하나, 口쿠찌에 ついて대해서는 친구や나 직장 동료と와 많은 이야기를 하게 될 겁니다. 그러니까 かならず반드시 알아두셔야 해요.

본문 단어 & 문법

彼女(카노죠) 그녀, 애인   ～について(츠이떼) ~에 대해서

この単語 コノタンゴ、覚えて オボエテ いますか イマスカ？
이 단어, 기억하고 있습니까?

얼굴・	・額・	・はな
눈・	・目・	・ひとみ
이마・	・瞳・	・はなくそ
눈동자・	・唇・	・くち
코・	・鼻・	・みみ
코딱지・	・頬・	・ひたい
입・	・顔・	・ほお
입술・	・耳・	・め
볼・	・鼻くそ・	・くちびる
귀・	・口・	・かお

CHAPTER 008

손가락유비에도니모 이름이나마에가 있어요아리마스
指にも 名前が あります

하루에 딱 10단어!

하루 일본어 첫걸음 어휘 확장팩
VOCABULARY EXPANSION PACKAGE

word preview 008

01 유비 **指** 손가락

02 오야유비 **親指** 엄지손가락

03 히또사시유비 **人差し指** 집게손가락

04 나까유비 **中指** 가운뎃손가락

05 쿠스리유비 **薬指** 약손가락

06 코유비 **小指** 새끼손가락

07 츠메 **爪** 손톱

08 테노히라 **手のひら** 손바닥

09 테노꼬- **手の甲** 손등

10 아시노유비 **足の指** 발가락

CHAPTER 008

손가락유비에도니모 이름나마에이가 있어요아리마스
指にも 名前が あります

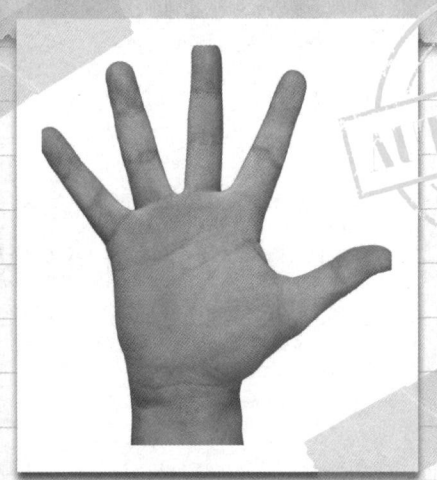

01 指 손가락

손には 指유비가 5개 있습니다. 6개 있으시다고요? 정말 すごい대단하다하군요! 指에는 각각 재미있는 名前나마에가 있습니다.

02 親指 엄지손가락

먼저 指 중의 왕の 親指오야유비. 親는 '부모'라는 뜻과 '크다' '첫 번째'라는 意味이미가 있어요. 오야붕의 오야가 바로 이 親오야입니다. 그래서 親指오야유비는 두목, 일인자を 나타내는 속어로도 쓰이지요.

03 人差し指 집게손가락

그 옆に 있는 人差し指히또사시유비도 나름 재미있어요. 人히또는 '사람', 差す사스는 '가리키다'니까 사람을 가리킬 時토끼 쓰는 指유비라는 뜻です. 우리나라では もの물건를 집을 時때 쓴다고 해서 '집게손가락'と이라고 하는데 말이에요.

| 본문 단어 & 문법 |

名前(나마에) 이름

64

中指나까유비는 설명 안 해도 わかりますね알겠지요? 中나까는 '가운데'라는 뜻이잖아요. 근데 この이 指손가락は, 간수 잘 해야 해요. 다른 사람에 見せる보여주다하면 정말 よくない좋지 않다합니다. アメリカ미국라면 총 맞을 일이고 日本에서는 칼 맞을 こと일입니다.

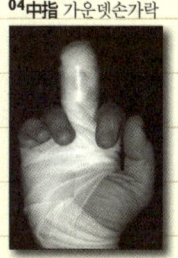
04 中指 가운뎃손가락

그리고 문제의 薬指쿠스리유비. くすり는 '약'이란 뜻인데, 옛날에 탕약이 にがい쓰다한가 にがくない안쓴가 이 指で손가락으로 찍어 먹어봤다는군요. 아 왜 우리나라でも에서도 '약손가락'と라고も 하잖아요. 어떤 人は 紅差し指베니사시유비라고も 하는데 紅베니는 입술연지と라고 いう하는 뜻で인데, '紅베니を 差す사스'라고 하면 입술연지를 바른다는 뜻です. 그러니까 입술연지를 바를 때 쓰는 指유비가 되겠지요. 女性죠세-들은 아마 쉽게 상상이 가실 겁니다. 근데 薬指는 내 맘대로 움직이기도 힘들고 별 쓸모도 없어서 昔무까시は 아예 名前나마에も 없었다そうです고 합니다. 그래서 아예 無名指무메-시라는 名前이름가 붙기도 했어요.

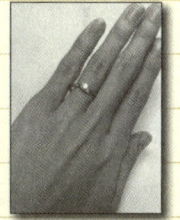
05 薬指 약손가락

본문 단어 & 문법

分かる(와까루) 알다　よい(요이) 좋다　女性(죠세-) 여성　昔(무까시) 옛날
～そうだ(소-다) ～라고 한다(전해 들은 말)

06 小指 새끼손가락

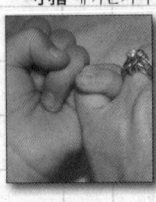

새끼손가락은 **小指**코유비인데 말 그대로 **小さい**찌-사이한 **指**유비란 뜻입니다. 종종 내연녀라는 말**の かわりに**대신 이 **指**를 펴보이며 '**れこ**こ' 이러는데 **れこ**는 **これ**이거를 뒤집어서 말하는 **こと**것입니다. **ごめん**미안처럼 대놓고 **言う**유하기 좀 뭐한 것은 **こんな**이런 **ふうに**식으로 거꾸로 말하곤 합니다. **日本人**니호느지ㅇ, 은근 소심해~

めんご안미 **めんご**안미.

07 爪 손톱
爪切り 손톱깎기

손가락 끝**に**에**は**는 **つめ**손톱가 붙어 있는데 **爪**츠메가 너무 **長い**나가이하면 **爪くそ**손톱때가 낄 수도 있으니까 **爪きり**손톱깎이로 자주 **きる**자르다해야 해요.

08 手のひら 손바닥

그럼 **手のひら**테노히라는 **何**무엇**でしょうか**일까요? **手**테는 손이고 **ひら**는 평평하다는 뜻이니까, **そうです**그렇습니다. 손바닥이지요. **手のひら**손바닥에는 **手筋**테스지가 있고요. **これが**이게 잘 빠져야 팔자가 편하다나요?

おまえ, 長生き나가이끼**の 手筋**테스지**だな**. 너, 손금 보니 오래 살겠구나.

09 手の甲 손등

손등**は** **手の甲**테노꼬- 입니다. **甲**코**は** '거북이 등딱지'**という**라는 뜻이에요. 대충 상상이 **できますね**가능하시죠?

본문 단어 & 문법

小さい(치-사이) 작다 　**~の代わりに**(노까와리니) ~대신 　**長い**(나가이) 길다 　**手筋**(테스지) 손금
長生き(나가이끼) 장수, 오래 삶

足아시는 별거 ありません. 발가락は 足の指아시노유비라고 하는데 일본旅行료꼬- 가서 일본인と과 발가락について에 대해서 대화를 할 일이 ほとんど거의 없을 테니까, 足に ついては 아쉬운대로 足のにおい발냄새까지만 알아두면 いいと될 거라고 思います생각합니다.

¹⁰足の指 발가락

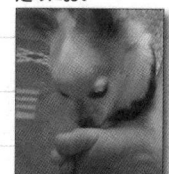
足のにおい

すごい 足のにおいだな발냄새 작살인데!

본문 단어 & 문법

足(아시) 발 旅行(료꼬) 여행 ほとんど～ない(호또ㄴ도～나이) 거의 ～않다
すごい(스고이) 대단하다

この単語コノタンゴ、覚えてオボエテいますかイマスカ？
이 단어, 기억하고 있습니까?

손가락	指	ひとさしゆび
엄지손가락	手のひら	こゆび
집게손가락	人差し指	あしのゆび
가운뎃손가락	手の甲	ゆび
약손가락	中指	なかゆび
새끼손가락	爪	てのひら
손톱	薬指	くすりゆび
손바닥	親指	てのこう
손등	小指	おやゆび
발가락	足の指	つめ

CHAPTER 009

제_{와따시노} 타입이_{타이뿌쟈} 아니시네요_{아리마세ㄴ네}
私の タイプじゃ ありませんね

하루에 딱 10단어!

하루 일본어 첫걸음
어휘 확장팩
VOCABULARY EXPANSION PACKAGE

word preview 009

01 미까께 **見かけ** 겉보기
02 카와이- **かわいい** 귀엽다
03 키레-다 **きれいだ** 예쁘다
04 우쯔꾸시- **うつくしい** 아름답다
05 카ㄱ꼬-이- **かっこういい** 근사하다, 멋지다
06 부스 **ブス** 추녀
07 세 **背** 키, 등
08 코가라 **小柄** 몸집이 작음
09 후또루 **ふとる** 살찌다
10 야세루 **やせる** 야위다

69

CHAPTER 009

제_{와따시도} 타입이_{타이뿌쟈} 아니시네요_{아리마세ㄴ네}
私の タイプじゃ ありませんね

01 見かけ 겉보기

外貌 외모

일상적인 대화에서 **外見**_{카이께ㄴ}**について**에 대해서 이야기할 기회가 참 많아요. 그만큼 **見かけ**_{미까께}는 남녀노소 공통의 관심사니까요. 그런데 **きをつける**_{주의하다}할 점은 **自分**_{지분}**의 外見**_{카이께ㄴ}에 대한 **こと**것**は** 괜찮지만 당사자가 듣는 곳에서는 **外貌**_{가이보-}에 대한 **話**_{하나시}**は なるべく**될 수 있으면 안 하는 게 **いいです**좋아요. 누군가에게 외모에 대해서 지적질을 당한다면 아무래도 **気持ち**_{키모찌}**가 悪い**_{와루이}할 수밖에 없겠죠?

본문 단어 & 문법

外見(가이께) 외견   気をつける(키오쯔께루) 정신차리다   自分(지부ㄴ) 자신   話(하나시) 말
気持ち(키모찌) 기분   悪い(와루이) 나쁘다

かわいい귀엽다는 わかい젊다한 여자나 아이들は もちろん물론 いぬ개나 ねこ고양이, 人形니○교처럼 사물にも에도 쓸 수 있어요. それより그보다 성숙한 숙녀에게는 かわいい보다는 きれいだ예쁘다를 쓰는 게 조금 더 품위 있게 들린답니다. あいて상대가 とし나이가 좀 있다면 아주 丁寧테-네-하게 うつくしい아름답다라고 할 수も 있어요. 예쁘다는 말は 여자なら라면 とし에 상관없이 좋아하겠지만, 可愛い카와이-한 女の子오ㄴ나노꼬에게 '너 참 美しい우쯔꾸시-하구나'と 하면 あの그 子꼬가 좀 당황스러워 하지 않을까요?

01 可愛い 귀엽다
02 綺麗だ 예쁘다
03 美しい 아름답다

男오또꼬가 잘 생긴 것은 보통 ハンサムだ핸섬하다라고 言います말합니다. 옷とか이라든가 장신구, 자동차 등이 전체적으로 보기 좋거나 멋있을 時때는 かっこういい라고 해요. 格好카ㄱ꼬-는 '모양'이란 뜻이고 いい는 '좋다'니까 모양이 좋다, 멋지다 그런 뜻です. 그럼 모양새가 나지 않을 時는 何나ㄴ と 할까요? いい좋다의 반대말のㄴ わるい나쁘다를 써서 格好わるい라고 합니다. 하여간 男には 格好いい라는 말이 큰 칭찬이 되니 よく자주 이용해주세요. 그런데 남자가 はげ대머리가 되면 확실히 格好悪い카ㄱ꼬-와루이하긴 하죠.

04 格好いい 멋지다

ほら이봐, はげ대머리 おじさん아저씨!

본문 단어 & 문법

人形(니ㅇ교-) 인형   丁寧(테-네-) 정중함   女の子(오ㄴ나노꼬) 여자아이   子(꼬) 자식, 아이
男(오또꼬) 남자

06 ブス 추녀

못생겼다는 말도 **あるは**있기는 **あるが**있지만 흠, 이걸 쓸 일이 과연 있을까요? 못생긴 여자를 **ブス**추녀라고 하는데, **友人**유-지○ 사이에 **冗談**죠-다○하는 게 아니라면 여간해서는 **言う**말하다할 일이 없지요. **みにくい**추하다라는 말이 있긴 한데 이건 그야말로 얼굴**だけ**만 **ではなく**이 아니라 행동거지**まで**까지 그 **人間**니○게니 **そのもの**자체가 추하다는 뜻입니다. 굉장히 **ひどい**심하다한 표현**だから**이니까 **けっして**결코 쓰시면 안 됩니다. 그러면서 **おしえる**가르치다하는 건 뭐냐고요? 누가 나**に**에게 **みにくい**라고 하는지 알아들어야 싸우든지 말든지 하잖아요! **顔**가오가 못생겼다는 말을 **直接**쵸꾸세쯔 말하기**より**보다는 개성이 있다거나,

悪くは나쁘진 **ないけど**않은데, **おれの**내 **タイプじゃ** 타입은 **ないね**아니네요

と라고 하면 배려심이 많다는 칭찬을 들을 겁니다. 못생겼다는 말을 **死ぬ**시누해도 해야겠다면 **この**이 정도**まで**까지는 애교로 봐줄게요!

おまえ너, ひどい굉장한 顔だな얼굴이구나.

본문 단어 & 문법

友人(유-지○) 친구　　～だけではなく(다께데나꾸) ~뿐 아니라
人間(니○게○) 인간　　直接(쵸꾸세쯔) 직접
俺(오레) 나　　死ぬ(시누) 죽다　　お前(오마에) 너　　ひどい(히도이) 심하다

키가 크다는 말은 **背**세**が 高い**타까이입니다. 반면 키가 작다고 할 때 **背か 低い**히꾸이라고는 잘 하지 않아요. 상처를 줄 수 있는 말이니까요. 대신 **こがら**작은 몸집라는 말을 씁니다. 의미야 똑같겠지만 **思ったより**생각보다 **小柄**코가라**ですね**야담하시네요라고 돌려서 말하면 듣는 사람도 그다지 기분이 나쁘지 않을 겁니다.

⁰⁷**背** 등, 키

⁰⁸**小柄** 몸집이 작음

근육질에 터프한 남자**を マッチョ**마쵸라고 하는데 일본**の 女性**죠세-들은 **マッチョより**보다는 호리호리하고 여리여리한 **男**오또꼬를 더 선호한답니다. 또 **ふとる**살찌다한 **人を デブ**뚱보라고 하는데요, **見かけも**외모도 **見かけ**미까께지만 **肥満**히마ㄴ은 건강**にも** 좋지 않아요. **私は ふとった** 살찐 사람**が うらやましい**부럽다해요. 너무 **やせる**야위다하기 때문에 **心配**시ㅁ빠이가 크거든요.

マッチョ 몸짱

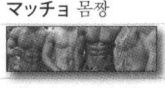

⁰⁹**太る** 살찌다

¹⁰**痩せる** 야위다

男오또꼬야 그렇다 쳐도 **女**오ㄴ나의 몸매는 특히 관심의 대상이 **なります**됩니다. 그래서 **スタイル**몸매에 대한 **さまざま**다양한 표현**が あります**.

スレンダーボディー 슬렌더 바디 (날씬녀)

ナイスボディー 나이스 바디 (쭉빵녀)

ダイナマイトボディー 다이너마이트 바디 (빵빵녀)

본문 단어 & 문법

高い(타까이) 높다, 비싸다　**低い**(히꾸이) 낮다　**肥満**(히마ㄴ) 비만　**心配**(시ㅁ빠이) 걱정

この単語コノタンゴ、覚えてオボエテいますかイマスカ？
이 단어, 기억하고 있습니까?

겉보기・	・美しい・	・ぶす
귀엽다・	・太る・	・こがら
예쁘다・	・ブス・	・かっこういい
아름답다・	・見かけ・	・うつくしい
근사하다・	・綺麗だ・	・せ
추녀・	・小柄・	・やせる
키, 등・	・痩せる・	・かわいい
몸집이 작음・	・可愛い・	・みかけ
살찌다・	・格好いい・	・ふとる
야위다・	・背・	・きれいだ

74

CHAPTER 010

성격은 세-까꾸와 평생 이ㅅ쇼- 바뀌지 않는다 카와라나이
性格は 一生 変わらない

하루에 딱 10단어!

하루 일본어 첫걸음 어휘 확장팩
VOCABULARY EXPANSION PACKAGE

word preview 010

01 세-까꾸 **性格** 성격
02 야사시- **優しい** 상냥하다
03 라꾸떼ㄴ떼끼 **楽天的** 낙천적
04 스나오 **素直** 순진함
05 마지메 **真面目** 성실함
06 우찌끼 **内気** 내성적임
07 오또나시- **おとなしい** 얌전하다
08 즈루이 **ずるい** 교활하다
09 와가마마 **わがまま** 제멋대로임
10 오샤베리 **おしゃべり** 수다쟁이

CHAPTER 010

성격은 세-까꾸와 평생 이쇼- 바뀌지 않는다 카와라나이
性格は 一生 変わらない

01 性格 성격   성격에 대해서 말하자면 끝도 없습니다. 사람の **性格**세-까꾸는 **さまざまな**다양한 기준으로 분류할 수가 있는데요, 크게 긍정적**な 性格**와 부정적**な 性格**로 나누면 될 거 같습니다. 성격이 밝다, 상냥하다는 긍정적인 성격이고 과묵하다, 내성적이다는 부정적인 성격에 가깝겠죠?

명랑하고 **あかるい**밝다한 **人**는 **たぶん**아마 어딜 가나 환영을 받
겠지요. **優しい**야사시-한 **男**は 특히 일본에서 **人気**니ㅇ끼가 **多い**오-이해 ⁰²**優しい** 상냥하다
요. **日本の** 남자는 여성에 대한 **配慮**하이료가 한국 남자보다 좀 부족
하다そうです라고 합니다. 한국 남성 **みなさん**여러분, 자신감**を 持って**가
져**ください**! 그러나 **大きな**오-끼나 **顔**가오**を する**(잘난척하다)하는 건 참아

주세요. **えらそうに**잘난척 떠들어대는 **人**が **いちばん**제일 재수 없거든
요. **いつも**항상 여유를 잃지 않고 **のんき**느긋하게 행동하는 **楽天的**라
꾸테ㄴ떼끼**な** 사람을 보면 **まわり**주변의 사람들의 마음까지 **穏やか**오다야 ⁰³**楽天的** 낙천적
까해집니다. 다른 사람을 대할 때 **あたたかい**따뜻하다한 **真心**마고꼬로로
다가오는 **人**은 **素直**스나오ですから 절대 **うそ**거짓말를 하지 않으니 **信** ⁰⁴**素直** 순진함
じる시ㄴ지루할 수 있어요. **やっぱり**역시 **人**는 **真面目**마지메한 게 **一番**이찌 ⁰⁵**真面目** 성실함
바ㄴ이라니까요.

　　村上さんは무라까미씨는 **本当に**정말 **やさしい**상냥한 **人ですね**분이네요.

본문 단어 & 문법

人気(니ㅇ끼) 인기　**多い**(오-이) 많다　**配慮**(하이료) 배려　**持つ**(모쯔) 가지다
大きい(오-끼-) 크다　**楽天的**(라꾸떼ㄴ떼끼) 낙천적　**穏やかだ**(오다야까다) 온화하다
真心(마고꼬로) 진심　**信じる**(시ㄴ지루) 믿다　**本当に**(호ㄴ또-니) 정말로

⁰⁶内気 내성적임   私は 어렸을 때から 気が小さい키가찌-사이(소심하다)했고 内気우찌끼한 성격の ために때문에 친구 사귀기가 쉽지 않았어요. 한마디로 社交的샤꼬-떼끼하지 못했던 거죠. 하지만 愛想아이소-が いい붙임성이 좋다한 친구들이 私に 먼저 다가와주었어요. 今이마 생각하니 本当혼또-に 고마운 ともだち친구에요.

⁰⁷大人しい 얌전하다   おとなしい얌전하다한 성격도 좋지만 너무 지나치면 대인관계에 지장이 あるから있으니까 먼저 다가가는 勇気유-끼가 要る이루하답니다. 현빈이 나왔던 ドラマ에서 외모는 洗練세렌되지만 目메만 마주쳐도 찬 風카제가 쌩쌩 부는 冷たい츠메따이한 男을 차도남と 했지요. 뭐 나름 チャーミング매력있다하다고 할 수 있지만, 저는 너무 厳しい키비시-한 人보다는 좀 そそっかしい덜렁대다하더라도 おもいやり배려심가 있는 따도남 の ほうが쪽이 더 좋습니다.

이 世요에는 いい人좋은 사람이 있는가 하면 わるい人나쁜 사람도 있어요. 겉으로는 笑う와라우하고 있지만 속으로는 어떻게 다른 사람을 속일까 궁리하는 ずるい교활하다한 うそつき거짓말쟁이도 많아요. かしこい
⁰⁸ずるい 교활하다 영리하다하기는 한데, 悪い와루이한 쪽으로 賢い카시꼬이한 사람들을 悪賢い와루카시꼬이하다고 합니다. 그러니까 사람은 見かけ겉모습만 보지 말고 心코꼬로를 봐야 한다니까요.

본문 단어 & 문법

～のために(노따메니) ~때문에   社交的(샤꼬-떼끼) 사교적   愛想(아이소-) 붙임성   今(이마) 지금
勇気(유-끼) 용기   要る(이루) 필요하다   洗練(세-레니) 세련   風(카제) 바람
厳しい(키비시-) 엄하다   世(요) 세상   笑う(와라우) 웃다   悪賢い(와루가시꼬이) 교활하다

子供코도모는 대개 わがまま제멋대로에 いじっぱり고집쟁이지요. 気마음에 안 들면 自分勝手に지부ㄴ까스떼니 아무데서나 떼를 쓰든가 泣く나꾸해 버립니다. 하지만 아이들이 無口무쿠찌하다면 그건 더 큰일입니다. 아이들은 やっぱり역시 うるさい시끄럽다해야 아이들らしい답다한 거죠. 그게 元気게○끼하다는 証拠쇼―꼬고요. 그러니까 아이들이 떠들어도 너무 怒る오꼬루하지 마세요. わんぱく개구쟁이의 대명사인 しんちゃん짱구를 보세요. おしゃべり수다쟁이지만 너무너무 かわいい귀엽다해서 통통한 ほっぺた뺨에 뽀뽀でも라도 해주고 싶어진다니까요.

09 わがまま 제멋대로

わんぱく

10 おしゃべり 수다쟁이

본문 단어 & 문법

子供(코도모) 어린이　自分勝手(지부ㄴ까스떼) 제멋대로　泣く(나꾸) 울다　無口(무꾸찌) 과묵함
元気(게○끼) 건강　証拠(쇼―꼬) 증거　怒る(오꼬루) 화내다

この単語を、覚えていますか?
이 단어, 기억하고 있습니까?

성격 •	• 性格 •	• まじめ
상냥하다 •	• 真面目 •	• らくてんてき
낙천적 •	• 素直 •	• せいかく
순진함 •	• 内気 •	• すなお
성실함 •	• おしゃべり •	• やさしい
내성적임 •	• 優しい •	• うちき
얌전하다 •	• 楽天的 •	
교활하다 •	• ずるい •	
제멋대로임 •	• おとなしい •	
수다쟁이 •	• わがまま •	

CHAPTER 011

희키노도 애아이 락라꾸
喜怒哀楽

하루에 딱 10단어!

하루 일본어 첫걸음
어휘 확장팩
VOCABULARY EXPANSION PACKAGE

word preview 011

01 우레시- **うれしい** 기쁘다
02 와라우 **笑う** 웃다
03 호호에무 **ほほえむ** 미소짓다
04 오모시로이 **おもしろい** 재미있다
05 타노시- **たのしい** 즐겁다
06 카나시- **悲しい** 슬프다
07 나꾸 **泣く** 울다
08 나미다 **涙** 눈물
09 오꼬루 **怒る** 화내다
10 키모찌 **気持** 기분, 감정

CHAPTER 011

희キ노ド애アイ락ラク
喜怒哀楽

人間의 감정을 대표する 말이 喜怒哀楽キドアイラク지요. 喜キ는 よろこぶ기뻐하다, 怒ド는 おこる화내다, 哀アイ는 かなしむ슬퍼하다, 楽ラク는 たのしむ즐거워하다를 말합니다. 그 중에서 喜ぶ요로꼬부와 哀しむ카나시무가 인간의 가장 代表的다이효-떼끼な 감정이라고 言えるでしょうね할 수 있겠죠.

본문 단어 & 문법

人間(니ㅇ게ㄴ) 인간   代表的(다이효-떼끼) 대표적   言える(이에루) 말할 수 있다

喜ぶ는 기뻐하다는 뜻의 動詞도-시죠. 기쁜 상태를 あらわす나타내다 할 때는 うれしい기쁘다라는 形容詞케-요-시를 씁니다. うれしい할 時는 わらう웃다해야지요. わらい웃음가 나오면 억지로 참지 말고 그냥 크게 笑う와라우하세요. からから깔깔 웃는 것이 정신 건강에도 いいです. 그냥 소리 없이 ほほえむ미소짓다해도 상관ありません. まさか설마 웃는 顔에 침 뱉겠어요? 그런데 あざける비웃다하는 건 좀 こまる곤란하다해요. くさった썩은 ほほえみ미소에는 침 뱉을 수도 있거든요. わらい가 항상 嬉しい우레시-할 時만 나오는 건 아니랍니다. 何か나니까 아쉬워서 나오는 苦笑니가와라이도 있거든요. 苦い니가이는 쓰다는 意味에요. 笑い와라이는 きもち기분가 いい하거나 재미있을 時에 나오는데요, 재미있다는 뜻의 일본어는 おもしろい와 たのしい가 있어요. 面白い오모시로이는 진짜 웃긴 겁니다. 코미디를 보고 재미있는 것처럼. 근데 楽しい타노시-는 즐겁다는 뜻이에요. 恋人코이비또와 デート하고 꼭 해야 하는 말이죠. 안 하면 정말 비매너!

01 嬉しい 기쁘다

02 笑う 웃다

03 微笑む 미소짓다

04 面白い 재미있다

05 楽しい 즐겁다

これは이거 おもしろいな웃기는군.

今日は오늘은 たのしかったです즐거웠어요.

본문 단어 & 문법

動詞(도-시) 동사　形容詞(케-요-시) 형용사　腐る(쿠사루) 썩다　苦笑い(니가와라이) 쓴웃음
デート(데-또) 데이트

06 悲しい 슬프다   哀しむ카나시무는 슬퍼하다는 뜻인데, 보통은 悲しむ카나시무라고 씁니다. 悲しい카나시-할 때는 泣く나꾸해서 푸는 게 いちばん입니다. 涙나미다를 한번 쏙 빼고 한숨 푹 寝る네루하고 나면 마음이 좀 풀리더라고

07 泣く 울다   요. 몰래 すすり훌쩍훌쩍泣く울다하면 왠지 처량해 보이니까 あっさり시원스레하게 わあわあ엉엉 우는 の것이 ストレス 해소にも 좋아요. 아주 う

08 涙 눈물   れしい기쁘다할 때も 涙나미다가 나오는데 それを うれし涙우레시나미다라고 합니다.

悲しい時は슬플 때는 音楽을음악을 聞きます듣습니다.

아 참! 며칠 전 弟오또-또が 제 ケーキ를 몰래 食べる해서 怒り이까

09 怒る 화내다   리가 폭발한 こと적가 있어요. 그래서 かつ왁 하고 怒る화내다했답니다.

私는 무서운 눈초리로 弟동생を にらむ쏘아보다하면서 말했어요.
このやろう이 자식, よくも잘도 おれの나의 ケーキを케이크를!
にいちゃん형아 そんなに그렇게 怒るなよ화내지 마.

본문 단어 & 문법

寝る(네루) 자다   の(노) ~의, ~인   嬉し涙(우레시나미다) 기쁨의 눈물   音楽(오오가꾸) 음악
弟(오또-또) 남동생   ケーキ(케-끼) 케이크   怒り(이까리) 분노

기분が 좋을 때는 気持キモ찌がいいらと 합니다. エッチな야한 動画 ¹⁰気持ち 기분 도-가에 자주 나오는 말이지요?

気持는 마음の 상태だけではなく뿐 아니라 몸の 상태도 나타내는데, 気持が わるい나쁘다라고 하면 へんな이상한 기분이 들어 꺼림칙하다는 뜻도 있지만 몸の 상태가 별로라는 뜻も 있습니다. 즉 コンディション컨디션이 별로라거나 뭔가 感じ카ㄴ지가 좋지 않다는 ことです말입니다.

風邪の감기 せいか때문인지, 気持が컨디션이 よくない안 좋아.

본문 단어 & 문법

動画(도-가) 동영상   感じ(카ㄴ지) 느낌   風邪(카제) 감기   ～のせい(노세-) ~탓

85

この単語コノタンゴ、覚えてオボエテいますかイマスカ?
이 단어, 기억하고 있습니까?

기쁘다・	・微笑む・	・かなしい
웃다・	・嬉しい・	・ほほえむ
미소짓다・	・楽しい・	・おもしろい
재미있다・	・笑う・	・おこる
즐겁다・	・悲しい・	・わらう
슬프다・	・面白い・	・なく
울다・	・気持・	・たのしい
눈물・	・怒る・	・うれしい
화내다・	・泣く・	・きもち
기분, 감정・	・涙・	・なみだ

CHAPTER 012

보고 미떼 듣고 키-떼 느끼다 카ㄴ지루
見て 聞いて 感じる

하루에 딱 10단어!

word preview 012

- 01 카ㅇ까꾸 **感覚** 감각
- 02 미루 **見る** 보다
- 03 미에루 **見える** 보이다
- 04 키꾸 **聞く** 듣다
- 05 키꼬에루 **聞こえる** 들리다
- 06 니오이 **におい** 냄새
- 07 카구 **かぐ** 냄새를 맡다
- 08 아지 **味** 맛
- 09 아마이 **あまい** 달다
- 10 카라이 **辛い** 맵다
- 11 시오까라이 **塩辛い** 짜다
- 12 스ㅂ빠이 **酸っぱい** 시다
- 13 야와라까이 **やわらかい** 부드럽다
- 14 아라이 **あらい** 거칠다

CHAPTER 012

보고미떼 듣고키-떼 느끼다카니지루
見て 聞いて 感じる

01 感覚 감각

人間에는 目메で 보는 시각, 耳미미で 듣는 청각, 鼻하나で 맡는 후각, 舌시따で 맛보는 미각, 皮膚히후で 느끼는 촉각 이렇게 다섯 가지 **感覚**카ㅇ까꾸가 **あります**. 이것을 통틀어 '오감'と 하지요. 인간の **感覚**나 **行動**코-도-에 관련된 **単語**타ㅇ고은 너무너무 많아요. 전부 **おぼえる**외우다 하고 싶은 **かた**분들은 **ひま**한가함하실 **時**토끼 사전에서 찾아서 **覚える**오보에루하시면 되겠고요. **今**이마は 딱 실생활に **使う**츠까우할 만큼만 알아보렵니다.

본문 단어 & 문법

舌(시따) 혀   皮膚(히후) 피부   行動(코-도-) 행동   覚える(오보에루) 기억하다, 외우다
今(이마) 지금   使う(츠까우) 사용하다, 쓰다

시각시까꾸

내가 보고 싶어서 何か무언가를 보는 행위를 일반적으로 見る미루라고 해요. 근데 目を 뜨고 いる있다하면 보기 싫어도 目에 들어오는 場合바아이가 있잖아요. 그건 見える보이다입니다. 근데 見る하는 こと것에도 여러 가지가 있답니다. 전망대에 のぼる오르다해서 좋은 경치를 ながめる조망하다하기도 하고 하늘을 見あげる올려다보다하기도 하지요. 恋人의 目를 뚫어져라 見つめる바라보다하면 분위기 정말 ラブラブ러브러브해지겠죠? 하지만 はじめて처음 보는 사람의 눈을 まじまじ말똥말똥 見つめる미쯔메루하면 이런 말 들을かも지도 모르니 조심하세요.

目を눈 ふせろ깔어!

02 見る 보다

03 見える 보이다

그뿐인가요. 変態헨ㄴ따이 총각들은 벽에 난 あな구멍로 となり이웃 아가씨 옷 갈아입는 のを것을 のぞく들여다보다하다가 경찰서에 잡혀가기도 하고요, 응큼한 おじさん아저씨은 계단 올라갈 때 짧은 スカート 입은 아가씨의 미끈한 다리를 ちらりちらり힐끗힐끗하다가 싸대기 한 대 맞기も 하지요. 見える하니까 見る하는데 어쩌라는 건지... 그렇게 자꾸 よそ見곁눈질하다가 目 돌아갑니다.

覗く 들여다보다

본문 단어 & 문법

場合(바아이) 경우   伏せる (후세루) 숙이다   変態(헨ㄴ따이) 변태   スカート(스까-또) 스커트, 치마

청각ちょーかく

04 聞く 듣다
05 聞こえる 들리다

音(오또)를 耳(미미)로 듣는 행위를 きく 듣다라고 합니다. 내 의지で 노력して해서 듣는 것은 말 그대로 聞く키꾸고요, 어디선가 音が 들려오는 것이라면 聞こえる들리다라고 하지요. たとえば가령 내가 音楽오ㅇ가꾸를 틀어 듣는 것은 聞く고, 내가 책을 읽고 있는데 だれか누군가가 음악을 틀어서 그 音가 들리면 그건 聞こえる입니다. 分かりますか아시겠어요?

지하철で 근처に いる있는 커플의 떠드는 話하나시를 듣는 の것을 立ち타찌聞き끼끼する엿듣다라고 합니다. 그냥 그 앞에 立つ서다해서 聞く한다는 뜻이지요. 엿듣는 건 맞는데 대놓고 엿듣는 겁니다. 문에 耳를 대고 秘密히미쯔 이야기를 몰래 엿듣는 것は 盗み聞き누스미기끼라고 言います. 盗む누스무는 도둑질, 훔친다는 意味입니다. 말 とおりに그대로 도청이지요. 지나가다 얼핏 聞く하는 것은 片耳に聞く카따미미니키꾸한다고 합니다. 片카따는 '한쪽'이란 뜻인데, すれちがう스치다하면서 한쪽 耳로 聞く하는 걸 상상하면 覚える기억하다하기 쉽지요?

본문 단어 & 문법

音(오또) 소리   誰か(다레까) 누군가   秘密(히미쯔) 비밀

후각큐-까꾸

냄새를 총칭하는 **単語**는 **におい**입니다. 일반적인 냄새는 **匂い**니오이, **悪い**한 냄새는 **臭い**니오이라고 써요. **発音**하쯔오옹이 같아서 좀 헷갈리네요. **香水**코-스이**の** 냄새**や**나 꽃향기**のように**저럼 좋은 냄새**는 香り**카오리라고 합니다. **おいしい**맛있다한 **食べ物**에서는 **香り**향기**가 する**나다하지만 그 **食べ物**가 썩으면 **臭い**악취**가 する**하는 것이죠. **おなら**방귀처럼 구린 냄새를 **腐った臭い**쿠사ㅅ따니오이라고 **言います**. **みかん**귤 먹고 난 다음엔 조심하세요.

におい를 일부러 맡는 것을 **嗅ぐ**카구라고 하고요, **どこかで**어디선가 냄새**が** 나는 **こと**를 **匂いが する**라고 합니다.

いい좋은 **香りだな**향기구나. **どこの**어디 **香水**향수야?

きみ너, **変な**이상한 **匂い**냄새 나!

06 におい 냄새

07 嗅ぐ 냄새맡다

香水

본문 단어 & 문법

臭い(니오이) 악취 発音(하쯔오오) 발음 香水(코-스이) 향수 食べ物(타베모노) 음식
君(키미) 너 変な(헨나) 이상한

미각미까꾸

日本の 料理료-리**は** 대체로 성겁고 **あまい**달다한 편입니다. 또 **天気**테o끼가 습하고 **あつい**덥다하기 때문에 **しお**소금나 **す**식초에 **つける**절이다한 **つけもの**절임가 발달했지요. 그래서인지 일본**は 味**아지를 **あらわす**나타내는 단어가 그리 **発達**하ㅅ따쯔하지 못했어요. 그에 **比べる**쿠라베루해서 우리나라는 **味の** 표현**が** 아주 다채롭답니다. '**私は** 맹숭맹숭한 **食べ物**보다는 짭쪼름하고 매콤달콤 얼큰설큰한 **もの**것가 좋더라'라는 표현을 일본어로 하기엔 **無理**무리가 있어요. **代表的**다이효-떼끼**な** 미각으로 매운맛**は 辛い**카라이, 짠맛**は 塩辛い**시오카라이, 쓴맛**は 苦い**니가이, 단맛**は 甘い**아마이, 신맛**は 酸っぱい**스ㅂ빠이이라고 하며, **い**로 끝나는 **形容詞**케-요-시입니다.

08 味 맛
09 甘い 달다
10 辛い 맵다
11 塩辛い 짜다
12 酸っぱい 시다

본문 단어 & 문법

料理(료-리) 요리　**味**(아지) 맛　**発達**(하ㅅ따쯔) 발달　**比べる**(쿠라베루) 비하다
もの(모노) 것, 물건

촉각쇼ㄱ까꾸

어디 手테 좀 줘봐요. 당신의 手는 비단결처럼 야와라카이부드럽다하고 치즈케-키처럼 싯토리촉촉하네요. 비싼 크리-무 쓰시나 봐요. 그런데 私의 手는 갈라진 거북등처럼 아라이거칠다하고 카사카사푸석푸석하네요. 毎日마이니찌 설거지하느라 그런 거라고요. 이 本호。 많이 売れる팔리다하면 최고급 고무고무 手袋테부꾸로를 買う살 거랍니다.

저는 暑이아쯔이한 夏나쯔에도 寒이사무이한 겨울에도 熱이아쯔이한 사우나를 좋아합니다. 그래서 皮膚히후가 乾燥칸소-한 걸까요? 熱い뜨겁다한 湯유에서 冷たい츠메따이한 水미즈로 풍덩 다이빙する時의 그 상쾌함이란.... 그리고 마시는 冷やす식히다한 ビール는 꿀맛 そのもの그 자체! 그런데 医者이샤들은 あたたかい따뜻하다한 물로 가볍게 シャワ-샤워를 あびる끼얹다하는 게 건강에 いちばん좋다고 하네요.

¹³柔らかい 부드럽다
¹⁴荒い 거칠다

본문 단어 & 문법

手(테) 손   あなた(아나따) 당신   クリ-ム(쿠리-무) 크림   毎日(마이니찌) 매일
本(호이) 책   手袋(테부구로) 장갑   買う(카우) 사다
暑い(아쯔이) 덥다   寒い(사무이) 춥다   熱い(아쯔이) 뜨겁다
湯(유) 더운물   冷たい(츠메따이) 차갑다   医者(이샤) 의사

この単語コノタ○ゴ、覚えてオボエテいますかイマスカ?

이 단어, 기억하고 있습니까?

감각 •	• 見る	• やわらかい
보다 •	• 塩辛い	• みえる
보이다 •	• 柔らかい	• しおからい
듣다 •	• あらい	• かぐ
들리다 •	• 辛い	• きこえる
냄새 •	• 感覚	• あじ
냄새를 맡다 •	• 見える	• あらい
맛 •	• 味	• かんかく
달다 •	• 聞こえる	• みる
맵다 •	• 甘い	• におい
짜다 •	• 嗅ぐ	• あまい
시다 •	• 酸っぱい	• すっぱい
부드럽다 •	• 聞く	• からい
거칠다 •	• 匂い	• きく

APPROVED

CHAPTER 013

배오나까 고프다스이따
お腹 すいた

하루에 딱 10단어!

**하루 일본어 첫걸음
어휘 확장팩**
VOCABULARY EXPANSION PACKAGE

word preview 013

01 네무이 **ねむい** 졸립다
02 스꾸 **すく** 비다, 배가 고프다
03 이ㅃ빠이 **いっぱい** 가득하다, 배가 부르다
04 아세 **汗** 땀
05 으ㅇ꼬 **うんこ** 똥, 응아
06 오시ㄱ꼬 **おしっこ** 오줌(쉬아)
07 나꾸 **泣く** 울다
08 이따이 **いたい** 아프다
09 하끼께 **吐き気** 구역질
10 즈쯔― **頭痛** 두통
11 무까무까 **むかむか** 메슥메슥

CHAPTER 013

배오나까 고프다스이따
お腹 すいた

대개 일본에 旅行료꼬-를 行꾸해서 많이 쓰는 말은 주로...

이게 何ですか뭐에요? いくらですか얼마에요? どこですか어디에요? どうしますか어떻게 해요? 같은 질문들과 ください주세요 같은 요구 표현です. しかし그러나 일본의 ともだち친구하고 일상적인 話하나시를 하려면 생리현상에 대해서도 꼭 知る시루해야 해요.

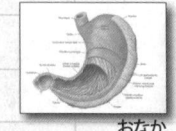

おなか
01 眠い 졸립다

たとえば '아 おなか배 고파, 뭔가 食べる하자', '목마른데 冷たい차가운 ビール맥주 どう어때?'라든가, 'ねむい졸립다해서 못 참겠다', '暑い덥다해서 汗아세가 흐른다', '배가 아파 トイレ화장실에 行く해야겠다', '입맛이 없으니 かるい가볍다한 もの로 먹자' 등등 뭐 こんな이런 일상적인 表現효-게ㅇ들이죠. それでは그럼 가장 빈번에 하게 쓰이는 表現을 하나 づつ씩 알아보도록 します하겠습니다.

본문 단어 & 문법

どう(도-) 어떻게   知る(시루) 알다   汗(아세) 땀   表現(효-게ㅇ) 표현

96

배가 고프다는 'お腹(오나까)が すいた'라고 합니다. すく(비다)는 꼭 과   02 空く 비다
거형으로 쓴다는 こと거 알아두시고요. 배가 부르다は すく의 반대,
いっぱい를 쓰시면 됩니다. お腹が いっぱいです, 이렇게요.   03 いっぱい 가득함

あぁ, お腹(배) すいた(고파). なにか(뭐) 食べない(안 먹을래)?

うん(음), ラーメン(라멘) どう(어때)?

暑い(아쯔이)해서 汗(아세)가 나오는 걸 汗を する(흘리다)라고 言います. 신   04 汗 땀
体とか(라든가) 생리현상は する를 쓰는 場合(경우)가 많으니까 おぼえる(기억
하다)해두세요.

똥や(이나) 오줌を 눌 때도 する를 씁니다. 하지만 うんこ(똥) する(누다,   05 うんこ 응아, 똥
おしっこ(오줌) する(싸다)라고 직접的(테끼)로는 잘·안 쓰고 トイレ(화장실) 行く   06 おしっこ 쉬, 오줌
(간다)と 言います.

본문 단어 & 문법

お腹(오나까) 배, 위   ~とか(토까) ~라든가   的(테끼) 적

⁰⁷泣く 울다

우는 것을 なく라고 하는데요. 泣く할 とき때에는 눈에서 なみだ눈물가 나오죠. 눈물이 맺히다는 涙가나미다가 こぼれる라고 해요. 그럼 얼른 なみだ를 ふく닦다해야죠. 涙는 아무에게나 見せる보여주다하는 게 아니거든요.

⁰⁸痛い 아프다

⁰⁹頭痛 두통

もし만약 旅行을 하다가 パスポート를 なくす잃어버리다 했다면? 네. 頭아따마가 いたい아프다하죠. めまい현기증が して나서 아마 미쳐버릴か も 지도 知れません모릅니다. 그럴 땐 薬局야ㄱ꾜꾸에 가서 머리가 지끈지끈 いたい아프다, 혹은 頭痛즈쯔-가 あります라 하면 됩니다. 그리고 꼭 大使館타이시까o에 電話데o와를 かける걸다하시길!

본문 단어 & 문법

から(까라) ~에서   こぼれる(코보레루) 맺히다   頭(아따마) 머리   薬局(야ㄱ꾜꾸) 약국
大使館(타이시까o) 대사관   電話(데o와) 전화

私は すし초밥를 한꺼번에 すぎ지나치다하게 食べる하면 꼭 腹하라가 痛이따이해요. 좀 이상하다 싶으면 바로 ホテルに 帰る카에루합니다. げり설사가 언제 어디서 터질지 모르잖아요. 時には때로는 吐き気[10]吐き気 구역질끼께가 나기도 하는데, 우리は 오바이트 쏠린다と 하잖아요. 일본では 오바이트는 말 그대로 over eat, 食べすぎる타베스기루란 뜻입니다. 오바이트, 오바이트 해도 안 통해요. 속이 むかむか메슥메슥거려 吐き気하[11]むかむか 메슥메슥끼께가 날 것 같을 時는 이렇게 말하면 됩니다.

吐き気が구역질이 **します**납니다.

夜行야꼬-バス를 のる타다하고 먼 거리를 移動이도-했다면 たぶん아마 眠い네무이해서 정신을 차릴 수가 없을 거에요. 그럴 時는 가방을 コインロッカー물품보관함에 넣어두고 한적한 公園코-에o. 벤치에서 잠시 居眠り이네무리하는 것도 좋아요. 그런데 잘못 하면 ホームレス노숙자로 보일 수も 있으니 조심하세요. ホームレス도 구역이 정해져 있어서 おたがい서로의 구역을 침범하면 경계한다そうです고 합니다.

ホームレス

본문 단어 & 문법

腹(하라) 배 帰る(카에루) 돌아가다 食べすぎる(타베스기루) 과식하다
夜行バス(야꼬-바스) 야간버스 眠い(네무이) 졸립다 公園(코-에-) 공원
居眠り(이네무리) 꾸벅꾸벅 조는 것 お互い(오따가이) 서로

この単語コノタンゴ、覚えてオボエテいますかイマスカ?
이 단어, 기억하고 있습니까?

졸립다 ·	· 泣く	· はきけ
비다, 배가 고프다 ·	· うんこ	· いたい
가득하다, 배부르다 ·	· 空く	· ずつう
땀 ·	· 痛い	· あせ
똥(응아) ·	· むかむか	· ねむい
오줌(쉬야) ·	· 吐き気	· すく
울다 ·	· いっぱい	· なく
아프다 ·	· おしっこ	
구역질 ·	· 頭痛 ·	
두통 ·	· 汗	
메슥메슥 ·	· 眠い	

CHAPTER 014

밤하늘은 요조라와 별의 호시노 바다 우미
夜空は 星の 海

하루 일본어 첫걸음
어휘 확장팩
VOCABULARY EXPANSION PACKAGE

하루에 딱 10단어!

word preview 014

01 츠끼 月 달
02 호시 星 별
03 카와 川 강
04 소라 空 하늘
05 야마 山 산
06 모리 森 숲
07 타니 谷 골짜기
08 우미 海 바다
09 시마 島 섬
10 코-리 氷 얼음

CHAPTER 014

밤하늘은(요조라와) 별의(호시노) 바다(우미)
夜空は 星の 海

01 空 하늘
02 月 달
03 星 별

毎朝(마이아사) 동쪽 空(소라)를 비추는 찬란한 太陽(타이요-), 토끼가 방아를 찧는 月(츠키), よぞら(밤하늘)에 きらきら(반짝반짝) 빛나는 수많은 星(호시)と 하늘을 흐르는 빛의 川(카와), 天の川(아마노가와). 별도 달도 모두 진 あかつき(새벽)에 ひとりで(홀로) 뜨는 단 ひとつ(하나)의 별 一つ星(히또쯔보시). 서양에서는 ひとつ星(샛별)를 朝(아사)에 뜨는 星란 뜻으로 '모닝스타'라고 하지요. 星の海(우미)에 펼쳐진 星座(세-자)마다 얽힌 고대의 伝説(데ㄴ세쯔)들은 또 얼마나 おもしろい(재미있다)하다고요.

우리가 見上げる(미아게루)하는 空, 즉 宇宙(우쮸-)는 정말 광활합니다. 그 많은 星의 中(나까)에 오직 地球(치뀨-)에만 생명체가 살고 있다고 하니 그야말로 lonely planet이네요. 하지만 언젠가 銀河鉄道(기ㅇ가떼쯔도-)를 타고 메텔に 会う(만나다)하러 갈 日(히)が 来る(쿠루)하겠지요.

たまには(가끔씩은) 空(하늘)을 見よう(보자구요)!

본문 단어 & 문법

毎朝(마이아사) 매일 아침　太陽(타이요-) 태양　川(카와) 강　星座(세-자) 별자리
伝説(데ㄴ세쯔) 전설　見上げる(미아게루) 올려보다　宇宙(우쮸-) 우주　地球(치뀨-) 지구
銀河鉄道(기ㅇ가떼쯔도-) 은하철도　日(히) 날, 해(태양)

우리가 **すむ**살다하는 **地球は** 드넓은 **大陸**타이리꾸와 깊고 깊은 **大海** 오-우미로 이루어져 있습니다. 땅에는 험한 **山**야마가 솟아 있고 드넓은 **野原**노하라가 펼쳐져 있고, 굽이굽이 **川**카와가 **流れる**나가레루합니다. **人** 는 주로 **野原**들판나 **平野**헤-야에 모여서 살지요. **動物**도-부쯔들은 **林**하야 시나 **森**모리에 살고 있어요. **林**수풀보다 **森**숲에 나무가 한 그루 더 많은 거 보이시죠? **谷**타니에 있는 자그마한 **泉**이즈미에서 퐁퐁 솟아난 **水**미즈 는 **小川**오가와로 흐르고, **小川**는 다시 **川**가 되어 **海**로 흘러들어갑니다. 하지만 **海**로 가지 못하고 작은 **池**이께나 그보다 조금 **ひろい**넓다한 **湖**미 즈우미에 고이기도 해요.

04山 산
05川 강
06森 숲
07谷 골짜기, 계곡
08海 바다

海에는 철썩철썩 **波**나미가 치고 점점이 **島**시마가 흩어져있어요. 일본**も** 그런 **海** 위에 있는 **島**섬 중 하나랍니다.

09島 섬

햇살 쏟아지는 **夏**나쯔 하면 **海**, **海** 하면 역시 새하얀 **砂浜**스나하마 아니겠습니까? 근데 멋진 비키니를 입은 **娘**무스메**たち**가 없으면 **それは** 바다じゃ **ないですね**! 하지만 온통 **砂**스나로 뒤덮인 뜨거운 **砂漠**사바꾸. 오아시스**が** 있어서 그나마 살만하지만 **夏**에도 **ビキニ**비키니**は ありません**없습니다.

砂漠 사막

본문 단어 & 문법

大陸(타이리꾸) 대륙　**大海**(오-우미) 대양　**野原**(노하라) 들판　**流れる**(나가레루) 흐르다
林(하야시) 수풀　**泉**(이즈미) 샘　**小川**(오가와) 시내
池(이께) 연못　**湖**(미즈우미) 호수　**波**(나미) 파도
砂(스나) 모래　**砂浜**(스나하마) 모래사장　**娘**(무스메) 처녀, 딸

南極(나ㅇ꾜꾸)와 北極(호ㄱ꾜꾸)는 너무 寒い(사무이)해서 水(미즈)란 水는 모두
10氷 얼음 얼어 氷(코ㅡ리)가 되어버려요. 하지만 最近(사이낑) 지구 温暖化(오ㄴ다ㅇ까)때문
에 빙하가 とける(녹다)해서 氷가 점점 줄어들고 있다そうです. シロク

シロクマ マ북극곰와 펭귄은 どう(어떻게) 하라고!

자연과 연관된 단어들은 정말 많고 많지만 そのたの(그밖의) 自然(시
제ㄴ) 속 사물들は 이제 から(까라) 一つ(히또쯔) ずつ(씩) 勉強(베ㅇ꾜ㅡ)해봅시다.

自然 자연

火(히)불

土(츠찌)땅, 흙

石(이시)돌

木(키)나무

草(쿠사)풀

空気(쿠ㅡ끼)공기

風(카제)바람

雲(쿠모)구름

雷(카미나리)천둥

稲光(이나비까리)번개

光(히까리)빛

雪(유끼)눈

본문 단어 & 문법

南極(나ㅇ꾜꾸) 남극 北極(호ㄱ꾜꾸) 북극 最近(사이끼이) 최근 温暖化(오ㄴ다ㅇ까) 온난화
その他(소노따) 그밖 から(까라) 부터 一つ(히또쯔) 하나 勉強(베ㅇ꾜ㅡ) 공부

雨(아메)비

日(히)해, 태양

電気(데ㅇ끼)전기

平野(헤-야)평야

野(노)들판

畑(하따께)밭

流れ星(나가레보시)유성, 별똥별

彗星(스이세-)혜성

휴, 이 단어들을 모두 외워야 하냐고요? 제가 10년 넘게 일본에서 살고 있지만 **流れ星**나 **稲光**에 대해서 일본인과 대화를 해본 적, 단 한 번도 없습니다. 생각해보나까 한국 사람하고도 한 적이 거의 없네요. 이런 단어는 그냥 건너뛰어도 아무 상관 없습니다. 이게 바로 시험용 단어입니다.

この単語コノタ○ゴ、覚えてオボエテいますかイマスカ?
이 단어, 기억하고 있습니까?

달•	•空	•もり
별•	•川•	•しま
강•	•氷•	•つき
하늘•	•島•	•そら
산•	•森•	•ほし
숲•	•海•	•かわ
골짜기•	•月•	•うみ
바다•	•谷•	•たに
섬•	•星•	•こおり
얼음•	•山•	•やま

CHAPTER 015

내일의 아시따노 날씨입니다 오떼ㅇ끼데쓰
明日の お天気です

하루에 딱 10단어!

word preview 015

01 아시따, 아스 **明日** 내일
02 테ㅇ끼 **天気** 날씨
03 테ㅇ끼요호- **天気予報** 일기예보
04 하레 **晴れ** 맑음
05 쿠모리 **曇り** 흐림
06 미꼬미 **見込み** 전망
07 키오ㅇ **気温** 기온
08 사무이 **寒い** 춥다
09 아쯔이 **暑い** 덥다
10 시ㄱ께 **湿気** 습기

CHAPTER 015

내일의아스노 날씨입니다오떼o끼데쓰
明日の お天気です

01 明日 내일
02 天気 날씨

ホテル에 도착했다면 슬슬 明日아스, 아시따の 일정을 확인해봐야겠지요? 일정을 챙길 때 一番 신경 써야 할 부분이 바로 天気데o끼です. 예를 들어 天気날씨가 갑자기 흐려져서 하늘から 뭐가 내린다고 상상해보세요. 雪유끼라면 그냥 맞는 것도 나름 분위기 있겠지만, 雨아메라면 이야기가 다릅니다. 옷이나 かばん가방이 젖으면 정말 困る코마루하니까요. 日本은 한국보다 天気의 변화가 심한 편이지만 다행이도 コンビニ에서 일회용 傘카사를 저렴하게 買う할 수 있습니다. もちろん물론 말도 잘 통하지 않는 외국에서 雨를 맞으며 傘를 買う하느라 허둥대기보다는 잠들기 전에 テレビTV ニュース 마지막 부분에 나오는 天

03 天気予報 일기예보

気予報데o끼요호-를 보고 미리 준비하면 더 여유로운 여행이 되리라と 思います오모이마쓰.

본문 단어 & 문법

一番(이찌바이) 가장, 제일 雪(유끼) 눈 雨(아메-) 비 困る(코마루) 곤란하다
傘(카사) 우산 ニュース(뉴-스) 뉴스 ～と思う(또오모우) ~라고 생각하다

아니 日本語 초보자가 어떻게 天気予報를 알아듣냐고요? 너무 心配시ㅁ빠이하지 마세요. 天気予報는 생각보다 쉽답니다. 오늘, 내일, 맑음, 흐림, 비, 눈 정도だけ만 알면 되니까요. 맑음は 晴れ하레라고 하는데 晴れる날씨가 개다의 名詞메-시형입니다. 흐림은 曇り쿠모리인데 曇る구름이 끼다의 名詞형이고요. 눈치가 빠른 분なら이라면 雲쿠모를 보고 曇る의 의미를 예상할 수도 있겠네요. 天気予報의 특성상 雨나 雪가 降る후루할 확률이 아무리 높은 場合경우라도, 내일 雨가 降ります라고 하지 않고 雨が 降るそうです내린다고 합니다라고 하거나 晴れる할 경우에도 明日내일, 東京は도쿄는 晴れるでしょう맑겠지요とか라든가 파도가 高い높다할 見込み전망です라고 얼렁뚱땅 말합니다. このように이렇게 뉘앙스만 잘 파악하면 큰 問題모ㄴ다이は ありません.

04 晴れ 맑음

05 曇り 흐림

06 見込み 전망

본문 단어 & 문법

心配(시ㅁ빠이) 걱정　名詞(메-시) 명사　雲(쿠모) 구름　降る(후루) 내리다
問題(모ㄴ다이) 문제

07 気温 기온

08 暑い 덥다

09 寒い 춥다

물론 **天気予報**를 듣다보면 **あした**내일**는 気温**키오ㄴ**이 몇 度**도**니 오늘 보다 寒い**하니 **暑い**하니 하는 말들도 나오지만 크게 신경 쓸 **必要는 ありません**. 정도의 **差**사**는 ありますが, 夏**는 당연히 **暑い**하고, **冬**는 당연히 **寒い**합니다. **夏**에 갑자기 **気温**이 급격히 **下がる**사가루해서 눈이 내리지 않을 뿐더러 **冬**에 기온이 갑자기 **上がる**아가루해서 **汗**아세**が** 줄 줄 나는 일도 없습니다. **もし**만약 그런 일이 생긴다면 **人類**지ㄴ루이의 종 말은 **目の前**메노마에에 온 거라고 생각하고 하던 **こと**오 계속 하면 됩니다.

10 湿気 습기

다만 **日本**의 **夏**는 **韓国**に **比べて**쿠라베떼 덥고 **湿気**시ㄱ께가 많기 때문에 **心**코꼬로**の** 준비를 하는 차원에서, **または**또는 눈이 **ほとんど**거의 쌓이지 않는 **東京ですが**, 일단 눈이 쌓이면 **交通**코-쯔-가 대단히 혼잡해지므 로 **時間**지까ㄴ을 관리**する** 차원에서 **天気予報**를 듣는다면 그리 **むずか しい**어렵다할 것은 **ありません**.

본문 단어 & 문법

差(사) 차, 차이   下がる(사가루) 내려가다   上がる(아가루) 올라가다   人類(지ㄴ루이) 인류
目の前(메노마에) 눈앞   ~に比べて(~니쿠라베떼) ~에 비해   交通(코-쯔-) 교통
時間(지까ㄴ) 시간

それでは그러면, 新聞시무분이나 ニュース에서 天気の 변화를 나타내는 表現효-게ㅇ몇 가지를 알아보겠습니다.

雨아메 のち노찌 晴れ하레 (비 온 뒤 맑음)
雨아메 または마따와 雪유끼 (비 또는 눈)
曇り쿠모리 のち노찌 雨아메 または마따와 雪유끼 (흐린 뒤 비 또는 눈)
晴れ하레 ときどき토끼도끼 曇り쿠모리 (맑고 때때로 흐림)
曇り쿠모리 時々토끼도끼 雨아메 (흐리고 때때로 비)

같은 한자가 반복될 때는 뒤에 있는 한자를 々로 표기합니다.

晴れ하레 のち노찌 時々토끼도끼 曇り쿠모리 (맑은 뒤 때때로 흐림)
だいたい다이따이 晴れ하레 いちじ이찌지 曇り쿠모리 (대체로 맑고 한때 흐림)
大体다이따이 曇り쿠모리 一時이찌지 雨아메 (대체로 흐리고 한때 비)

본문 단어 & 문법

新聞(시무봉) 신문 のち(노찌) 나중, 후 また(마따) 또 時々(토끼도끼) 때때로, 가끔
大体(다이따이) 대체로 一時(이찌지) 일시, 잠시

この単語 コノタンゴ、覚えて オボエテ いますか イマスカ?
이 단어, 기억하고 있습니까?

내일・	・天気予報・	・はれ
날씨・	・曇り・	・てんき
일기예보・	・暑い・	・さむい
맑음・	・見込み・	・しっけ
흐림・	・天気・	・てんきよほう
전망・	・明日・	・みこみ
기온・	・気温・	・きおん
춥다・	・寒い・	・くもり
덥다・	・湿気・	・あす、あした
습기・	・晴れ・	・あつい

CHAPTER 016

동물의 도-부쯔노 왕 오-
動物の 王

하루에 딱 10단어!

하루
일본어 첫걸음
어휘 확장팩
VOCABULARY EXPANSION PACKAGE

word preview 016

01 페ㅅ또 **ペット** 애완동물(pet)
02 이누 **犬** 개
03 네꼬 **猫** 고양이
04 도-부쯔 **動物** 동물
05 네즈미 **ねずみ** 쥐
06 우시 **牛** 소
07 부따 **豚** 돼지
08 우마 **馬** 말
09 히쯔지 **羊** 양
10 니와또리 **にわとり** 닭
11 타마고 **たまご** 달걀
12 토라 **虎** 호랑이
13 시시, 라이오o **獅子** 사자(lion)

115

CHAPTER 016

동물의(도-부쯔노) 왕(오-)
動物の 王

日本には ペット(펫)를 기르는 사람이 정말 多い(오-이해요. いぬ(개)나 ねこ(고양이)는 기본이고요. 目가 赤い(아까이)한 うさぎ(토끼), 좀 징그럽지만 へび(뱀)나 とかげ(도마뱀)를 기르는 사람も います. 정말 특이한 動物(도-부쯔)도 많고요. 그런데 ペット와 野生動物(야세-도-부쯔)との(과)의 差(사)가 뭔지 知っている(알고 있다)하세요? ペット는 사람이 えさ(먹이)를 やる(주다)해야만 生きる(이끼루)할 수 있고요, 野生動物은 스스로 えさ를 찾는 거랍니다. そんな(그런) 의미로 のらねこ(도둑고양이)도 野生動物이지요.

となり에 사는 おばさん(아줌마)은 ねずみ(쥐)를 제일 싫어한다そうです. 왜냐하면 아이들に 주려고 산 お菓子(오까시)를 ねずみ의 やつ(녀석)가 몰래 훔쳐 食べる(먹다)하거든요. 그래서 猫(네꼬)를 한 마리 기를까 생각중이다そうです.

01 ペット 애완동물
02 犬 개
03 猫 고양이
04 動物 동물
05 ねずみ 쥐

본문 단어 & 문법

多い(오-이) 많다　目(메) 눈　動物(도-부쯔) 동물　野生動物(야세-도-부쯔) 야생동물
生きる(이끼루) 살다　となり(토나리) 옆, 이웃　お菓子(오까시) 과자　食べる(타베루) 먹다

じゃ그럼 우리 생활과 아주 밀접한 관련が ある 動物, 그러니까 肉니꾸를 食べる할 수 있는 動物를 알아볼까요? 牛우시는 일도 시키고 く るま수레도 끌고 牛肉규-니꾸도 먹고 骨호네는 푹 고아서 먹고, 내장탕 에… 皮카와까지 かばん을 作る츠꾸루하는 정말 버릴 게 ない 動物です. 韓国の 牛を 한우と 하듯이 日本の 牛を 和牛와규-라고 하는데, 和와는 日本을 意味이미합니다. 아주 품질の 좋은 肉지요. ステーキ집에 가면 호주산 和牛를 最高級사이꼬-뀨-로 친답니다. 豚부따도 마찬가지인데 豚肉부따니꾸 중에서 특히 삼겹살이 아주 味아지가 좋죠. 馬우마は 競馬場 케-바죠-에서 도박을 할 수도 있어요. 私は 毎週마이슈- 競馬場에 行きま す, 헤헤. 馬肉바니꾸도 牛肉규-니꾸만큼 美味しい오이시-です. 따뜻한 毛 케과 皮카와를 주는 羊히쯔지도 肉를 먹고, 鹿시까는 녹용으로 우리 몸을 지켜주는 ありがたい고맙다한 動物입니다.

06 牛 소

07 豚 돼지

08 馬 말

競馬

09 羊 양

본문 단어 & 문법

肉(니꾸) 고기 牛肉(규-니꾸) 소고기 骨(호네) 뼈 皮(카와) 가죽
かばん(카바ㅇ) 가방 作る(츠꾸루) 만들다 ステーキ(스떼-끼) 스테이크
最高級(사이꼬-뀨-) 최고급 味(아지) 맛 競馬場(케-바죠-) 경마장
馬肉(바니꾸) 말고기 毛(케) 털 鹿(시까) 사슴

¹⁰鶏닭　제가 一番 好きな좋아하는 동물は にわとり닭입니다. にわ는 앞마당이고 とり는 새인데, 庭니와에 풀어놓고 기르는 鳥토리란 뜻이지요. フライドチキン후라이드치킨은 安い싸다하고 おいしい맛있다한 최고의 서민 食べ物에요. 焼き鳥야끼도리도 安い하고 うまい맛있다한 길거리 음식이고요. 그런데 우리나라の ことわざ속담에 めんどり암닭가 울면 집안이 망한다고 하는데, 과연 雌鳥메ㄴ도리 울음소리는 어떨까요? おんどり수탉는 コッケコッコ꼬ㄱ께꼬ㄱ꼬 하고 우는데, 시도 때도 없이 울어대서 아주 うるさい시끄럽다합니다. 잡아먹든가 해야지 원...

焼き鳥

¹¹卵 알, 달걀　めんどり암닭는 毎朝 たまご달걀를 낳아주어서 너무 고마워요. ゆでる삶다해서 ゆでたまご삶은달걀로 먹어도 うまい하고 目玉焼き메다마야끼를 해먹어도 고소하니 맛있어요. 卵타마고를 잘 품으면 노란 ひよこ병아리가 태어난답니다. ひよひよ삐약삐약 하는 울음소리가 아주 かわいい귀엽다です.

본문 단어 & 문법

一番(이찌바이) 가장, 제일　好きだ(스끼다) 좋아하다　焼き鳥(야끼도리) 닭꼬치구이
目玉焼き(메다마야끼) 달걀프라이

動物를 見るには보려면 やっぱり역시 動物園도-부쯔에o에 가야죠. サファリ사파리에 가면 虎토라랑 獅子라이오o가 늘어지게 ねる자다하고 います. 動物の 王오-들이 아주 팔자 좋아요. さる원숭이들은 温泉오ㄴ세o을 하고 있고 くま곰는 뭔 冬眠토-미o을 그리 자는지 あな굴 속から에서 안 나오네요.

가만... おおかみ늑대가 어디 있더라? 어디 있긴요, 男오또꼬들이 다 狼오-까미지. 그런데 きつね여우도 見えない보이지 않다하네요. きつね 어디 갔지? 아 맞다! 우리 つま마누라가 바로 しっぽ꼬리 아홉 달린 狐키쯔네였지!

[12]虎 호랑이

[13]獅子 사자

狼

본문 단어 & 문법

~には(니와) ~하려면　動物園(도-부쯔에o) 동물원　王(오-) 왕　温泉(오ㄴ세o) 온천
冬眠(토-미o) 겨울잠, 동면

この単語コノタンゴ、覚えてオボエテいますかイマスカ?
이 단어, 기억하고 있습니까?

애완동물・	・馬・	・にわとり
개・	・鼠・	・うま
고양이・	・犬・	・たまご
동물・	・動物・	・しし
쥐・	・猫・	・ぺっと
소・	・牛・	・うし
돼지・	・羊・	・とら
말・	・ペット・	・ねずみ
양・	・獅子・	・ぶた
닭・	・卵・	・ひつじ
달걀・	・鶏・	・どうぶつ
호랑이・	・豚・	・いぬ
사자・	・虎・	・ねこ

CHAPTER 017

벌레와 무시또 곤충 코ㄴ쮸-
虫と昆虫

하루에 딱 10단어!

**하루 일본어 첫걸음
어휘 확장팩**
VOCABULARY EXPANSION PACKAGE

word preview 017

01 코ㄴ쮸- **昆虫** 곤충

02 무시 **虫** 벌레

03 하에 **はえ** 파리

04 아오바에 **あおばえ** 똥파리

05 카 **か** 모기

06 고끼부리 **ごきぶり** 바퀴벌레

07 토ㅁ보 **とんぼ** 잠자리

08 세미 **せみ** 매미

09 아리 **あり** 개미

10 미쯔바찌 **みつばち** 꿀벌

CHAPTER 017

벌레와무시또 곤충코ㄴ쮸-
虫と昆虫

01 昆虫 곤충
02 虫 벌레

자, 이번엔 **みなさん**여러분이 제일 **嫌い**키라이하는 **昆虫**코ㄴ쮸-, 그러니까 **虫**무시에 대해서 **勉強**해みます. **べつに**별로 알고 싶지 않다고요? 이게 다 공부です. 먼저 **昆虫**와 **虫**의 차이점이 뭘까요? **昆虫**는 **天道虫**테ㄴ도-무시나 **とんぼ**잠자리처럼 **かわいい**한 것들, 즉 **つまり**즉 **さわる**만지다할 수 있는 것들이고요. **虫**는 **はえ**파리나 **か**모기, **ごきぶり**바퀴벌레처럼 **いやらしい**징그럽다한 것, 그러니까 '무서운' 것들입니다. 해결되었나요? 사실 **虫**의 이름**なんか**따위 어디에 **役に立つ**도움이 되다하냐고 그러시는 분도 있을 텐데, 생각해**みてください**보세요. **ご飯**밥 먹다가 그 **中**か ら **ごきぶり**가 나오면 식당 주인に **何と 言う**하실 겁니까? 호텔에 **はえ**나 **か**가 있으면 즉시 지배인한테 따져야 하지 않겠어요?

何だ뭐야 **これ**이거, **ゴキブリ**바퀴벌레**じゃないか**잖아!

ごきぶり

본문 단어 & 문법

嫌いだ(키라이다) 싫어하다　天道虫(테ㄴ도-무시) 무당벌레
かわいい(카와이-) 귀엽다　ご飯(고하ㄴ) 밥　中(나까) 안, 속

생활 속에서 자주 마주치는 **虫**의 대명사는 바로 **はえ**파리죠. 낮잠 잘 때 자꾸만 **顔**카오**に** 달라붙어서 정말 짜증나요. 이럴 땐 **はえたたき**파리채로 탁, **たたく**치다해서 **とる**잡다해야죠. **あおい**파랗다한 금빛 광택이 너무 신비로운 **あおばえ**똥파리는 쫓아도 쫓아도 우렁찬 날갯짓 소리と 함께 다시 **もどる**돌아오다합니다. 여간 귀찮은 게 아닙니다. 이건 너무 **大きい**크다해서 잡기도 무서워요. 그래서 귀찮게 자꾸 들러붙는 **人**을 빗대서 **あおばえ**라고 합니다. 우리나라로 치면 찰**ひる**거머리? 참고로 **かわいい**한 아기 **はえ**를 **うじ虫**우지무시라고 합니다. 저 꼬물꼬물 귀여운 것 좀 봐~

03 蠅 파리

04 あおばえ 똥파리

그리고 여름밤 왱왱거리는 **音**오또로 우리**を** 못살게 구는 **か**모기. 요놈 때문에 한여름에 **あつい**두껍다한 담요 뒤집어쓰고 자는 사람**も** 있는데, 어차피 **あつい**덥다해서 못 잡니다. 그렇다고 그냥 자면 **か**에 물려 **脳炎**노-에o에 걸릴 수도 있으니까, 이럴 땐 간단하게 **かや**모기장를 치세요. 예전에는 **か取り線香**카또리세o꼬-를 피웠는데 **におい**냄새가 보통 **ひどい**심하다한 게 아니지요.

05 蚊 모기

蚊取り線香

본문 단어 & 문법

顔(카오) 얼굴　大きい(오-끼-) 크다　うじ虫(우지무시) 구더기　脳炎(노-이o) 뇌염
蚊取り線香(카또리세o꼬-) 모기향

06 ゴキブリ 바퀴벌레

그리고 **虫の中**で 가장 악명 높은 **ごきぶり**바퀴벌레. 이거 한번 나오면 온 집안에 **おおさわぎ**대소동가 납니다. 어찌나 빠른지 **はえたたき**로 잡기는 힘들고 **殺虫劑**사스쮸-자이를 한 통 다 뿌려야 해요. 그런데 밤 **遲い**오소이하게 **トイレ**에 가다보면 가끔 **足**아시에 밟혀요. 뽀자작~ 하는 **音**오토, 공포 **そのもの**그 자체**です**. 그럴 땐 차라리 **ひ**불를 **つける**켜다하지 마세요. 사실 벌레는 **はえ**파리, **か**모기, **ごきぶり**바퀴벌레만 알아도 지장이 없답니다.

곤충은 환경**汚染**오세。 때문에 점점 **きえる**사라지다하고 있어요. 아쉬운 마음은 뒤로 하고 이제 **かわいい**한 **昆虫**코ㄴ쮸-들을 좀 살펴볼게요.

07 蜻蛉 잠자리

잡힐 듯 잡힐 듯 안 잡히는 얌체 **とんぼ**잠자리는 기본**です**. 꽁지가 **あかい**빨갛다한 **あかとんぼ**고추잠자리도 있고요, **ま夏**한여름 맴맴 시끄럽게

08 セミ 매미

울어대는 **蝉**세미는 **7年**네。 동안 **木**키 밑 땅 속에 있다가 **そと**밖로 나모면 고작 7일**ぐらい**정도 **しか**밖에 살지 못해요. 조금 시끄럽지만 **ゆるす**용서하다 해야겠네요. **田舎**이나까에 가면 밤마다 불빛을 보여주는 **蛍**호따루도 정말 귀여운 **昆虫**에요. 큰 가위처럼 생긴 무시무시한 집게를 자랑

兜 투구

하는 **鋏虫**하사미무시나 뿔이 솟은 **かぶと**투구를 쓴 것 같은 **兜虫**카부토무시(장수풍뎅이)는 절대 잡으면 안 돼요. 법으로 엄하게 **保護**호고하는 **昆虫**거든요.

본문 단어 & 문법

殺虫劑(사스쮸-자이) 살충제　遲い(오소이) 늦다　足(아시) 발　汚染(오세) 오염
真夏(마나쯔) 한여름　年(네) 년, 해　木(키) 나무　田舎(이나까) 시골
蛍(호따루) 반딧불이　鋏虫(하사미무시) 사슴벌레　兜虫(카부또무시) 장수풍뎅이　保護(호고) 보호

끈끈한 줄을 쳐서 다른 **虫**를 잡는 **く**も거미, 열심히 일만하는 부지런한 **あり**개미, 전 세계적으로 게으르다고 소문난 **すいっちょ**베짱이. 달콤한 꿀을 모으는 **ミツバチ**꿀벌. 그렇다고 꿀 때문에 함부로 **はちのす**벌집에 손을 대면 큰일 나요! **ハチミツ**꿀는 마트에서 사세요. 도서관에 가면 많은 **いなご**메뚜기, 귀뚤귀뚤 **こおろぎ**귀뚜라미, 낫처럼 생긴 앞발을 가진 당랑권의 천재 **かまきり**사마귀 등등. **昆虫**의 **名前**만으도 **本**호ㅇ**が** 한 권**ですが**, 뭐 **これ**이 **ぐらい**정도만 알면 **虫**의 **名前** 때문에 불편할 일은 **ない**할 겁니다.

⁰⁹**あり** 개미

¹⁰**蜜蜂** 꿀벌

本 책

この単語、覚えていますか？
이 단어, 기억하고 있습니까?

곤충 •   • はえ   • みつばち

벌레 •   • 昆虫   • こんちゅう

파리 •   • せみ   • むし

똥파리 •   • 虫

모기 •   • か

바퀴벌레 •   • とんぼ

잠자리 •   • あおばえ

매미 •   • 蜜蜂

개미 •   • あり

꿀벌 •   • ごきぶり

CHAPTER 018

까마귀의 카라스노 나라 쿠니
烏の国

하루에 딱 10단어!

하루 일본어 첫걸음
어휘 확장팩
VOCABULARY EXPANSION PACKAGE

word preview 018

01 와시 **わし** 독수리
02 카라스 **からす** 까마귀
03 카사사기 **かささぎ** 까치
04 하또 **はと** 비둘기
05 토리 **鳥** 새
06 스즈메 **すずめ** 참새
07 카모 **かも** 오리
08 와따리도리 **渡り鳥** 철새
09 츠바메 **つばめ** 제비
10 카모메 **かもめ** 갈매기

CHAPTER 018

까마귀의(카라스노) 나라(쿠니)
烏の国

日本に 行く해서 朝いち아침 일찍 거리로 나서면 아주 おそろしい공
포스럽다한 장면을 見る하게 될 겁니다. 커다란 からす까마귀때문인데요,
ものすごい굉장하다하게 큽니다. 정말 거짓말 안 보태고 わし독수리만큼
大きいです. 그것도 한두 わ마리가 아니라 수십 わ가 むれ떼를 지어 있
습니다. 그런데 정작 日本人들은 무덤덤합니다. なぜなら왜냐하면 일본
では에서는 からす가 길조거든요. 우리나라は かささぎ까치를 길조, か
らす를 흉조로 여기는데 일본은 반대에요. かささぎ가 흉조입니다.
도시에서 흔하게 見える하는 はと비둘기는 의외로 찾아보기 힘들어요.
えさ먹이 경쟁에서 からす한테 밀렸기から때문です.

01 鷲 독수리
02 烏 까마귀
03 カササギ 까치
04 鳩 비둘기

본문 단어 & 문법

朝一(아시이찌) 아침 일찍

가장 흔한 鳥토리는 小さい치-사이하고 귀여운 すずめ참새인데요, すずめ는 사람이 사는 곳에서만 살고 ふかい깊다한 山에는 살지 않는다는 거 모르셨죠? 산에서 雀스즈메를 찾으려고 たか매의 目를 해도 소용없답니다. 사람 가까이 사는 鳥なら새라면 역시 꼬꼬댁 にわとり닭와 꽥꽥 かも오리죠. たまご달걀도 낳아주고 肉니꾸도 먹고. 鶏니와토리와 鴨가모는 鳥と라고いう하기より보다 가축と 言っても해도 틀린 말은 아닐 겁니다. 家이에에서 かう기르다는 오리를 家鴨아히루라고 하기도 합니다.

05 鳥 새
06 雀 참새
07 鴨 오리

雀스즈메처럼 사계절 한 ところ곳에 머무르는 새를 텃새라고 하잖아요. 머무를 류留에 새 조鳥를 써서 텃새를 留鳥류-쵸-라고 한답니다. 참고로 철새를 渡り鳥와따리도리라고 하는데서 渡る와따루는 건넌다는 뜻입니다. 季節키세쯔 따라 海를 건너오는 鳥니까요.

08 渡り鳥 철새

여름마다 찾아오는 대표 渡り鳥인 つばめ제비는 그 수가 급격히 줄어 이제는 田舎이나까나 농촌에 가야 겨우 見る할 수 있답니다. いね벼가 고개를 숙이고 익어가는 논두렁で 우아한 자태を 뽐내던 つる학는 世界的세까이떼끼으로 보호를 받는 鳥に なる했어요. 역시 人間는 自然시제ㄴ을 保護호고할 의무가 あります.

09 燕 제비

본문 단어 & 문법

小さい(치-사이) 작다 山(야마) 산 家(이에) 집 季節(키세쯔) 계절
世界的(세까이떼끼) 세계적

山에는 **ひばり**종달새라든가 **きじ**꿩같은 **鳥**가 **います**. **もっと**더 깊은 山로 가면 **ふくろう**올빼미 같은 희귀한 새도 있답니다. **有名な**유-메-나 가수 중에 **みそら ひばり**라는 가수가 **いますが**, 얼마나 **声**코에가 고우면 이름이 **ひばり**종달새겠어요. '여러분, 김종달새 양의 노래를 들어보시겠습니다' 하니까 70년대 분위기가 물씬 풍기네요.

美空 ひばり

もちろん물론 **山**에만 **鳥**가 있는 건 아니지요. 바다**の 上**우에를 미끄러지듯 **飛ぶ**토부하는 **かもめ**갈매기는 **えびせん**일본 새우깡을 아주 좋아해요. **鴎**카모메가 없으면 과자 **会社**카이샤 문 닫을 **かも**지도 **知れません**.

¹⁰鴎 갈매기

えびせん

본문 단어 & 문법

鳥(토리) 새　声(코에) 목소리　上(우에) 위　飛ぶ(토부) 날다
会社(카이샤) 회사　~かも知れません(까모시레마세오) ~지도 모릅니다

근데 こうもり박쥐를 鳥と 해야 하나 쥐と 해야 하나 それは 잘 모르겠네요. つばさ날개가 있고 空를 飛ぶ하는 걸로 봐선 영락없는 鳥인데, 생긴 걸 보면 どうしても도저히 鳥새とらには 할 수 없어요.

そんなに그렇게 醜い추한 鳥が새가 いるなんて있다니!

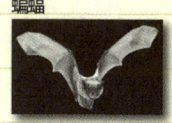
蝙蝠

그밖의 다른 새 이름은 다음과 같습니다. 물론 다 외울 필요 없는 거 아시죠? 자기가 좋아하는 새 이름만 외우는 거!

がん 기러기

がちょう 거위

とんび 솔개

きつつき 딱따구리

うぐいす 휘파람새

うずら 메추라기

おしどり 원앙

おうむ 앵무새

いんこ 잉꼬

めじろ 동박새

九官鳥큐—까ㄴ쿄— 구관조

白鳥하꾸쵸— 백조

孔雀쿠쟈꾸 공작

본문 단어 & 문법

空(소라) 하늘 ～なんて(난떼) ～라니

この単語 코노타○고 、覚えて 오보에떼 いますか 이마스까?
이 단어, 기억하고 있습니까?

독수리・	・鷲・	・からす
까마귀・	・渡り鳥・	・かもめ
까치・	・雀・	・とり
비둘기・	・鳩・	・つばめ
새・	・烏・	・かも
참새・	・鴎・	・すずめ
오리・	・かささぎ・	・わし
철새・	・鴨・	・わたりどり
제비・	・鳥・	・はと
갈매기・	・燕・	・かささぎ

CHAPTER 019

회전초밥을 카이떼ㄴ즈시오 공략하라 코-랴꾸세요
回転寿司を 攻略せよ

하루에 딱 10단어!

**하루 일본어 첫걸음
어휘 확장팩**
VOCABULARY EXPANSION PACKAGE

word preview 019

01 사까나 **さかな** 생선
02 스시 **寿司** 초밥
03 카이떼ㄴ즈시 **回転寿司** 회전초밥
04 에비 **えび** 새우
05 마구로 **まぐろ** 참치
06 히라메 **ひらめ** 광어(넙치)
07 사께 **さけ** 연어
08 이꾸라 **イクラ** 연어알
09 우니 **うに** 성게
10 이까 **いか** 오징어
11 야리이까 **やりいか** 한치
12 타꼬 **たこ** 문어
13 카니 **かに** 게
14 타이 **たい** 도미
15 우나기 **うなぎ** 민물장어
16 사바 **さば** 고등어

CHAPTER 019

회전초밥을 카이떼ㄴ즈시오 공략하라 코-랴꾸세요
回転寿司を 攻略せよ

01 魚 생선

생선을 **さかな**라고 하는데요, 솔직히 일본어로 **魚**사까나の 이름 외워서 써먹을 곳은 딱 한군데 **あります**. 바로 **すし**초밥집입니다. 근데

02 寿司 초밥

日本では 寿司스시는 **高い**타까이한 음식이에요. 그래서 **わかい**젊다한 **人**

03 回転寿司 회전초밥

들은 저렴한 **回転寿司**카이텐즈시에서 먹죠. **寿司**는 이제 국제적な **食べ物**이기 때문에 **外国人**가이꼬꾸진도 많이들 **食べる**한답니다.

寿司屋스시야에는 저녁 문 닫기 직전에 가는 게 **いい**해요. **残る**남다한 재료를 **翌日**요꾸지쯔 쓸 수는 없으니까 세일을 하거든요. **まぐろ**참치 뱃살이나 **うなぎ**장어 같은 비싼 **寿司**도 비교적 **安い**싸다하게 **食べる** **ことができます**먹을 수 있습니다. 강으로 **ふな**붕어 잡으러 갔다가 **こい**잉어 잡는 거, 이런 걸 횡재라고 하지요. 그럼 **回転寿司**에서 쉽게 만날 수 있는 **さかな**를 몇 가지 알아볼게요.

본문 단어 & 문법

高い(타까이) 비싸다   外国人(가이꼬꾸지) 외국인   寿司屋(스시야) 초밥집   翌日(요꾸지쯔) 다음날
安い(야스이) 싸다

女性の方죠세-노카타들이 いちばん 좋아하는 새우は 허리도 굽었고 긴 ひげ수염가 있어서 海老라고 쓰고 えび라고 읽어요. 子供たち아이들은 柔らかい부드럽다하고 甘い달다한 たまご달걀초밥을 좋아한답니다. まぐろ는 보통 かんずめ통조림가 흔하지만 사실 それは まぐろ가 아니라 그보다 훨씬 작은 かつお가다랭이입니다. まぐろ는 とろ뱃살를 최고로 칩니다. 우리나라 국민 さしみ회인 ひらめ광어도 초밥에 빠질 수 없지요. 目가 ひらたい넓적하다하게 달려 있다, 해서 ひらめ넙치라고도 한답니다. 그리고 まぐろのように처럼 살이 あかい붉다한 さしみ를 あかみ, ひらめ처럼 しろい희다한 刺身사시미를 しろみ라고 하는데, 일본 사람들은 赤身아까미를 더 좋아한다고 하네요. オレンジ색 살에 あぶら기름가 좔좔 흐르는 さけ연어는 영어 그대로 サーモンsalmon이라고도 하고요. 톡톡 터지는 연어알은 イクラ인데요, 이거 꼭 カタカナ로 書く쓰다해야 해요. 우리나라では 비싸서 좀처럼 먹기 힘든 うに성게. うに는 한 자로 海栗우니라고 쓰는데요, 栗쿠리는 밤이에요. 가시가 많고 구워서 군밤으로 먹는 그 밤. 海우미에서 나는 栗라는 뜻이죠. うに는 알만 쏙 빼서 바닷물에 헹궈 먹는 건데, 정말 海우미의 香り카오리가 솔솔 します냅니다. うに 안 먹어봤으면 말을 하지 마세요.

04 海老 새우
05 マグロ 참치
06 平目 광어, 넙치
07 鮭 연어
08 イクラ 연어알
09 海栗 성게

본문 단어 & 문법

方(카따) 분   柔らかい(야와라까이) 부드럽다   甘い(아마이) 달다   書く(카꾸) 쓰다
香り(카오리) 향기

¹⁰烏賊 오징어   ビール 안주로 제격인 마른 いか오징어. 근데 일본 사람은 마른 い
                か를 먹지 않아요. 일본 観光客카/ㅗ꼬-캬꾸들은 마른 いか를 보면 신기
¹¹槍烏賊 한치   해서 写真샤시о을 とる찍다 하더라고요. いか의 동생 やりいか한치는 덤
                으로 알아두시고요. 그 반면 いか의 형인 たこ문어는 삶아서도 食べる
¹²蛸 문어   하고 たこ焼타꼬야끼에 넣어서 食べる하고 말려서도 食べる고 刺身사시
                미도 食べる하고 그럽니다. 일본에서는 いか보다 たこ가 인기가 좋아
                요. 조개류는 かい라고 하고요, 굴은 かき, 게는 かに인데 딱딱한 껍
¹³蟹 게   데기와 か는 무슨 かかわり관계냐고요? 아무 かかわり도 ありません.

¹⁴鯛 도미   日本人은 축하할 일이 생기면 꼭 たい도미를 먹어요. 価格카까꾸도
                만만찮죠. 그래서 잔칫상에 오른 たい의 大きさ크기를 見る보면 그 집
                의 経済케-자이 사정이 分かります알 수 있습니다. 비슷하게 생긴 장어라도
¹⁵鰻 민물장어   민물에 사는 うなぎ민물장어는 비싸고 海에 사는 あなご붕장어는 저렴하
                답니다. 世界的に 보호하고 있는 くじら고래도 일본에서는 아주 귀한
                食べ物에 속해요. 독이 든 ふぐ복어는 정말 いのち목숨 걸고 드세요.
                私는저는 絶対に절대로 食べません から먹지 않을 테니까.

본문 단어 & 문법

観光客(카○꼬-캬꾸) 관광객   写真(샤시о) 사진   価格(카까꾸) 가격   大きさ(오-끼사) 크기
経済(케-자이) 경제   絶対に(젠스파이니) 절대로

むぎちゃ보리차에 밥을 말아 しお소금에 절여 やく굽다한 さば고등어하고 같이 먹으면 정말 밥 한 솥이 금방 없어지고요. 김치찌개에 豚肉부따니꾸 대신 さんま꽁치를 넣어도 감칠맛이 나지요. 갈치칼치는 たち라고 하는데 さむらい가 차는 큰 칼을 太刀타찌라고 해요. 정말 たち는 번쩍번쩍 길쭉한 게 太刀에 닮았군요.

刺身사시미나 寿司스시는 しょうゆ간장에 わさび고추냉이를 풀어서 찍어먹는 게 제일 おいしい해요. 초고추장에 찍어먹으면 초고추장の 味아지때문에 さかな생선의 味를 제대로 味わう맛보다할 수가 없답니다.

참고로 제가 좋아하는 생선을 몇 가지 알려드릴게요.

[16] 鯖 고등어

太刀魚

あじ 전갱이	さわら 삼치
ごまめ 멸치	たら 대구
なまず 메기	どじょう 미꾸라지
ロブスター 바닷가재	なまこ 해삼
くらげ 해파리	さざえ 소라
あわび 전복	わかめ 미역
のり 김	あおのり 파래
こんぶ 다시마	いわし 정어리
いしもち 조기	ぶり 방어
かれい 가자미	えい 가오리

본문 단어 & 문법

豚肉(부따니꾸) 돼지고기   味わう(아지와우) 맛보다

この単語 코노타○고、覚えて 오보에떼 いますか 이마스까?
이 단어, 기억하고 있습니까?

생선 •	• まぐろ
새우 •	• イクラ
참치 •	• うに
광어 •	• たい
연어 •	• やりいか
연어알 •	• うなぎ
성게 •	• さば
오징어 •	• さかな
한치 •	• たこ
문어 •	• かに
게 •	• えび
도미 •	• いか
민물장어 •	• ひらめ
고등어 •	• さけ

CHAPTER 020

베르사이유의 장미
베루사이유노 바라
ベルサイユの バラ

하루에 딱 10단어!

하루 일본어 첫걸음 어휘 확장팩
VOCABULARY EXPANSION PACKAGE

word preview 020

01 하나 花 꽃
02 하나따바 花束 꽃다발
03 사꾸라 桜 벚꽃
04 키꾸 菊 국화
05 바라 ばら 장미
06 아사가오 朝顔 나팔꽃
07 히마와리 ひまわり 해바라기
08 유리 ゆり 백합
09 타ㅁ뽀뽀 たんぽぽ 민들레
10 와스레나구사 忘れな草 물망초
11 나데시꼬 なでしこ 패랭이꽃

CHAPTER 020

베르사이유의 베루사이유노 장미바라
ベルサイユの バラ

01 花 꽃

02 花束 꽃다발

日本人は 花하나를 아주 좋아한답니다. 길목마다 花屋하나야가 있고요. 마당이나 창가에 植木鉢우에끼바찌를 내놓은 집이 多いです. 특별한 날에 花束하나타바を 주고받는 人도 많답니다. 먹을 수도 없는 거 뭐 하러 주고받는지 모르겠네요. 아무튼 花の 名前を 全部제ㄴ부 おぼえる외우다할 수는 없겠지만, 基本的키호ㄴ떼끼な 花만 알아도 실생활에 役に立ちます도움이 됩니다.

본문 단어 & 문법

花屋(하나야) 꽃집 植木鉢(우에끼바찌) 화분 全部(제ㄴ부) 전부 基本的な(키호ㄴ떼끼나) 기본적인

그럼 한 国쿠니를 대표する 花인 国花코ㄱ까부터 볼까요? 우리나라
の 国花는 さく피다하고 おちる지다하고 また또 さく하는 むくげ무궁화죠.
그럼 일본の 国花는 뭘까요? 桜사꾸라라고요? 땡! 일본에는 따로 国花
라고 정해진 花가 없어요. 天皇테ㄴ노- 가문을 나타내는 菊키꾸가 그 や
くわり역할を 하고 있답니다. 桜벚꽃는 일본 사람이라면 남녀노소 み
んな모두 좋아하는 花인데요, 일제히 咲く사꾸했다가 花びら꽃잎가 후두
두둑 落ちる오찌루하는 모습이 마치 侍사무라이가 화끈하게 しぬ죽다하는
모습 같아서라네요. 桜가 落ちる하는 季節키세쯔가 오면 일본 사람들
은 桜木사꾸라기 아래 돗자리를 펴고 お花見오하나미를 합니다. 워낙 많
은 사람이 몰리다보니 일찍から 場所取り바쇼토리를 하느라 장난이 아
니죠. 普通후쯔は 회사의 신입社員샤이ㅇ들이 전날 밤부터 나와 있는데
いい좋다한 자리 못 とる잡다하면 출세를 못 합니다.

　그리고 다른 건 다 知らない모르다해도 花 중の 花, 彼女카노죠に 사
랑 告白코꾸하꾸할 時 쓸 花를 買う하러 가면서 この 꽃の 名前 모르면
정말 낭패겠지요. おさない어리다할 時 보던 アニメ애니메이션 〈ベルサイ
ユの베르사이유의 ばら장미〉. 覚えて기억하고 いますか? 장미는 ばら라고 합
니다. 오스칼~ とげ가시에 찔리지 않게 조심해!

03 桜 벚꽃

04 菊 국화

05 バラ 장미

본문 단어 & 문법

国(쿠니) 나라　国花(코ㄱ까) 국화, 나라꽃　天皇(테ㄴ노-) 천황　桜木(사꾸라기) 벚나무
お花見(오하나미) 꽃놀이　場所取り(바쇼토리) 자리잡기　普通(후쯔-) 보통
社員(샤이ㅇ) 사원　告白(코꾸하꾸) 고백　覚える(오보에루) 외우다, 기억하다

141

⁰⁶朝顔 나팔꽃　　나팔꽃은 **朝**에만 활짝 피어 **顔**를 **見せる**한다 하여 **朝顔**아사카오.

⁰⁷向日葵 해바라기　**ひ**해를 따라 **まわる**돌다하는 **ひまわり**해바라기.

⁰⁸百合 백합　　백합는 떨어뜨리지 마세요. 백합는 **日本語**で일본어로 **ゆり**니까.

　　Tom은 이 **花**が **だいすき**아주 좋아함라서 **毎日** 뽀뽀를 한다そうです.

⁰⁹蒲公英 민들레　민들레は **たんぽぽ**타ㅁ뽀뽀.

¹⁰勿忘草 물망초　나를 **わすれる**잊다하지 말아요. 이름 하여 **忘れな草**와스레나구사.

　　忘れる와스레루는 잊다, **な**는 ~하지 말아요, **草**구사는 풀. **花言葉**하나꼬또바만 **聞く**해도 뭔지 알겠지요? 그렇죠. **忘れな草**는 물망초입니다.

¹¹撫子 패랭이꽃　**やまとなでしこ**라는 **ドラマ**로 유명하지요. **なでしこ**는 패랭이꽃이구요.

　　꽃보다 이름이 더 예쁜 **すずらん**은방울꽃.

　　이미자가 불렀던 **つばき**동백 아가씨.

　　보라**いろ**색가 너무 예쁜 **すみれ**제비꽃는 여자 **名前**로도 많이 쓰이는데 영어로는 **バイオレット**violet라고도 한답니다. **バイオレット**는 **むらさき**보랏빛라는 뜻이거든요.

본문 단어 & 문법

朝(아사) 아침　**花言葉**(하나꼬또바) 꽃말　**ドラマ**(도라마) 드라마

그밖에 **カーネーション**카-네-쇼ㅇ, **コスモス**코스모스, **チューリップ**츄-리ㅂ뿌, **ライラック**라이라ㄱ꾸처럼 꽃**の** 이름**が** **英語**에-고 그대로인 것도 많아서 따로 **おぼえる**외우다할 필요는 **ありません**.

그래도 한번 다른 꽃, 어디 한번 읽어나 봅시다. 꽃은 작업(?)에 매우 중요한 실생활 단어니까요!

れんぎょう 개나리

つつじ 철쭉

かすみそう 안개꽃

フリージア 프리지아

すいせん 수선화

すみれ 제비꽃

のぎく 들국화

エーデルワイス 에델바이스

もくれん 목련

본문 단어 & 문법

英語(에-고) 영어

この単語、覚えていますか？
이 단어, 기억하고 있습니까?

꽃 •	• 菊	• たんぽぽ
꽃다발 •	• 朝顔	• さくら
벚꽃 •	• 向日葵	• はな
국화 •	• 花	• ゆり
장미 •	• 花束	• わすれなぐさ
나팔꽃 •	• 蒲公英	• ばら
해바라기 •	• 桜	• ひまわり
백합 •	• 百合	• なでしこ
민들레 •	• 忘れな草	• はなたば
물망초 •	• 撫子	• きく
패랭이꽃 •	• 薔薇	• あさがお

CHAPTER 021

사과는 리ㅇ고와 맛있어 오이시-
りんごは おいしい

하루에 딱 10단어!

하루 일본어 첫걸음
어휘 확장팩
VOCABULARY EXPANSION PACKAGE

word preview 021

01 쿠다모노 **くだもの** 과일
02 미까ㅇ **みかん** 귤, 밀감
03 오레ㄴ지 **オレンジ** 오렌지(orange)
04 리ㅇ고 **りんご** 사과
05 나시 **なし** 배
06 스이까 **すいか** 수박
07 카끼 **かき** 감
08 모모 **もも** 복숭아
09 이찌고 **いちご** 딸기
10 부도- **ぶどう** 포도

CHAPTER 021

사과는 리ㅇ고와 맛있어 오이시-
りんごは おいしい

01 果物 과일 　 くだもの과일 お好きですか좋아하세요?

저는 시원하고 달콤한 果物쿠다모노가 大好き다이스끼です. 입이 텁텁하고 食欲쇼꾸요꾸가 없을 때는 やっぱり역시 상큼한 果物과일가 최고랍니다.

02 蜜柑 귤, 밀감 　 私の내가 一番가장 好きな좋아하는 果物は みかん귤です. 까기도 쉽고 새콤달콤하고 과즙도 많고 それに게다가 値段네다o도 安い야스이하잖아요. オレンジ도 향긋하고 맛있지만 蜜柑미까o보다 高い타까이하고 껍질

03 オレンジ 오렌지 　 벗기기가 조금 難しい무즈까시-ですね.

본문 단어 & 문법

大好きだ(다이스끼다) 매우 좋아하다　食欲(쇼꾸요꾸) 식욕, 입맛　値段(네다o) 값
安い(야스이) 싸다　高い(타까이) 비싸다, 높다　難しい(무즈까시-) 어렵다

사각사각 씹히는 맛이 일품인 **りんご**사과. 하지만 깎는 게 불편해서 할머니가 깎아줘야만 먹지요. **りんご**가 나왔으니 그 **友達**토모다찌인 **なし**배가 빠질 수 없지요. 단물이 뚝뚝 떨어지는 **なし**배는 **焼き肉**야끼니꾸 먹고 난 다음에 아그삭아그삭 씹어 **食べる**하면 소화도 잘 된다고 하네요. 아우~ 침 고인다.

⁰⁴**林檎** 사과
⁰⁵**梨** 배

여름엔 **すいか**수박 빼면 **話**하나시**が** 안 되지요. **すいか**수박 없는 여름은 **たこ**문어 없는 **たこ焼**타꼬야끼. **扇風機**세ㄴ뿌-끼 바람을 쐬면서 빨갛게 익은 **すいか** 속살을 **一口**히토꾸찌 크게 베어 물면 **あつさ**더위는 싸악 잊을 수 있어요. 근데 밤에 **トイレ**에 자주 가게 되어도 전 모릅니다.

⁰⁶**西瓜** 수박

본문 단어 & 문법

友だち(토모다찌) 친구 **焼き肉**(야끼니꾸) 불고기 **話**(하나시) 말 **扇風機**(세ㄴ뿌-끼) 선풍기
一口(히토꾸찌) 한 입

07 柿(감) かき(감)도 맛있지만 전 ほしかき(곶감)가 더 좋아요. ほす는 '말리다'라는 뜻이니까. ほしかき는 말린 감, 곶감을 말하는 겁니다. 하얀 가루가 듬뿍 묻은 것일수록 おいしい(맛있다)ですよ. 그런데 食べすぎる(과식하다)하면 便秘(베ㅁ삐)에 걸리니까 하루에 한두 個(꼬)만 먹어야 해요.

個 개

08 桃 복숭아 보드라운 け(털)가 나 있는 ピンク빛 もも(복숭아). 그런데 이를 어쩌나. 저는 もも에 アレルギー(알러지)가 있어서 全然(젠젠) 먹지 못한답니다. 아~ もも는 어떤 味(아지)일까요? 아마 ミツ(꿀)のように(처럼) 甘い(달다)하고 花のように(꽃처럼) かぐわしい(향기롭다)하겠지요? 꿀꺽.

全然 전혀

본문 단어 & 문법

便秘(베ㅁ삐) 변비   全然~ない(젠젠~나이) 전혀 ~않다   味(아지) 맛

일본에서는 빠알간 **いちご**딸기나 보랏빛 **ぶどう**포도는 아주 **高級**코-뀨- **くだもの**과일랍니다. **み**열매가 **大きい**한 것들**は** 한 알에 얼마 하는 식으로 **売る**하는 곳도 있다니까요. **とくに**특히 일등급 **メロン**은 **高すぎる**너무 비싸다해서 **財布**사이후가 가벼운 서민은 먹을 엄두도 못 낸다고요. **で**그래서, **スーパ**슈퍼마켓**で** 작게 **切る**자르다해서 파는 걸 사다 먹는답니다.

일본은 **果物**가 대체적으로 **高い**한 **方**호-에요. **バナナ**, **パイナップル**, **キウイ**키위는 그나마 **安い方**싼 편라서 다행이지요. **デザート**디저트로 나왔다고 마구 **食べてしまう**먹어버리다하면 정말 **センス**센스가 **ない**한 사람으로 찍히니까 적당히 **食べなければ**먹지 않으면 **なりません**안 됩니다.

[09] 苺 딸기
[10] 葡萄 포도

본문 단어 & 문법

高級(코-뀨-) 고급　大きい(오-끼-) 크다　売る(우루) 팔다　財布(사이후) 지갑
方(호-) 편　デザート(데자-또) 디저트　~てしまう(떼시마우) ~해버리다
~なければなりません(나께레바나리마세오) ~하지 않으면 안 된다, ~해야 한다

この単語コノタ○ゴ、覚えてオボエテいますかイマスカ?
이 단어, 기억하고 있습니까?

과일 •	• オレンジ
귤, 밀감 •	• ぶどう
오렌지 •	• みかん
사과 •	• りんご
배 •	• くだもの
수박 •	• もも
감 •	• いちご
복숭아 •	• なし
딸기 •	• すいか
포도 •	• かき

CHAPTER 022

야채가게 야오야노 아저씨 오지사。
八百屋の おじさん

하루에 딱 10단어!

하루 일본어 첫걸음
어휘 확장팩
VOCABULARY EXPANSION PACKAGE

word preview 022

01 야사이 **野菜** 야채, 채소
02 타마네기 **たまねぎ** 양파
03 카보쨔 **かぼちゃ** 호박
04 토-가라시 **唐がらし** 고추
05 하꾸사이 **白菜** 배추
06 큐-리 **キュウリ** 오이
07 캬베쯔 **キャベツ** 양배추(cabbage)
08 쟈가이모 **じゃがいも** 감자
09 사쯔마이모 **さつまいも** 고구마
10 니ㄴ니꾸 **にんにく** 마늘
11 치샤 **ちしゃ** 상추
12 키노꼬 **きのこ** 버섯

CHAPTER 022

야채가게 야오야노 아저씨 오지사o
八百屋の おじさん

01 野菜 야채   세상에서 一番이찌방 슬픈 野菜야사이는 何나n데쇼우까? たまねぎ 양파죠. たま는 '구슬', ねぎ는 '파'라는 뜻입니다. 왜 玉ねぎ타마네기가 가장 슬프냐고요?

02 玉葱 양파   玉ねぎ양파를 썰면 涙나미다가 절로 出る데루하잖아요.

03 南瓜 호박   흔히 못생긴 女오나를 호박と 하는데, 일본でも 역시 못생긴 女性죠세-를 かぼちゃ호박에 비유합니다. 그래서 여자 손님을 대접할 때 かぼちゃ 요리를 내면 失礼ですよ실례라고요! 여자한테 함부로 かぼちゃ 料理료-리를 대접했다가 往復오-후꾸 びんた싸대기를 맞을 수도 있다는 사실!

본문 단어 & 문법

涙(나미다) 눈물   出る(데루) 나오다   女(오나) 여자   失礼(시쯔레-) 실례   往復(오-후꾸) 왕복

일본도 김치を 食べるは먹긴 食べるが먹지만, 일본의 김치는 唐がら ⁰⁴唐辛子 고추
し토-가라시가루를 쓰지 않아 しろい희다합니다. 그래서인지 배추를 白
い시로이한 野菜야사이라는 뜻으로 白菜하꾸사이라고 합니다. 고추는 한자 ⁰⁵白菜 배추
로 唐辛子토-가라시라고 쓰는데, 당唐나라에서 들어온 からい맵다한 것
이란 뜻입니다.

キュウリ오이도 塩시오물에 살짝 절여서 마치 오이지인척 내놓지 ⁰⁶胡瓜 오이
만 역시 밍밍하긴 同じです마찬가지입니다. 역시 우리 몸엔 우리 것이 最
高사이꼬-여~. 그나마 입맛에 맞는 것은 豚かつ토ㄴ까쯔 먹을 때 나오는 ⁰⁷キャベツ 양배추
キャベツ양배추로 만든 사라다. 이건 만국공통じゃ이 ないか아닐까と라고
思います생각합니다.

본문 단어 & 문법

白い(시로이) 희다 塩(시오) 소금 同じ(오나지) 같음 最高(사이꼬-) 최고
~じゃないか(쟈나이까) ~가 아니냐 思う(오모우) 생각하다

08 **じゃが芋** 감자　삶아서 **塩**소금에 찍어먹으면 맛있는 **じゃがいも**감자. **いも**는 감자류를 나타내는 말입니다. **焼く**야꾸하면 달달하고 **美味しい**오이시-한 고구마는 **さつまいも**라고 합니다. **薩摩**사쯔마 지역で 재배하기 **はじめる**시작

09 **薩摩芋** 고구마　하다한 **いも**감자란 뜻이거든요.

10 **葫** 마늘　거기에 삼겹살을 **食べる**할 **時** 꼭 필요한 **にんにく**마늘. 일본사람은 **にんにく**를 그다지 좋아하지 않아요. 냄새가 심해서요. **にんにく** 먹고 전철에서 **げっぷ**트림하면 공공의 **敵**테끼が 됩니다. 그러니 삼겹살은

11 **苣** 상추　그냥 **ちしゃ**상추에만 싸서 **食べてください**드세요.

　　　　　トマト가 **くだもの**과일라고 생각하는 **方**카따も 분명히 계실테죠? 하지만 **トマト**는 **果物**쿠다모노가 아니라 **野菜**야사이입니다.

　　　　　何だと뭐라고?, 이렇게 맛있는 **トマト**가 토마또가 **野菜**야채だ라고!

본문 단어 & 문법

焼く(야꾸) 굽다　**美味しい**(오이시-) 맛있다　**敵**(테끼) 적　**～てください**(떼쿠다사이) ～하세요
何だと(나ㄴ다또) 뭐라고!

버섯을 총칭하는 말은 **きのこ**입니다. **き**나무の의**こ**아이라고 하면 대충 **絵**그림가 그려지시나요? 송이버섯은 **まつたけ**라고 합니다. **まつ**는 소나무란 뜻이고 **たけ**는 버섯이란 뜻**です**.

그럼 나머지 야채 이름도 한번 쓰윽 읽어만 보죠. 절대 외우면 안 됩니다!

さといも 토란

ごまのは 깻잎

しょうが 생강

せり 미나리

だいこん 무

たけのこ 죽순

なす 가지

にんじん 당근

ほうれんそう 시금치

もやし 콩나물

まめ 콩

[12] 茸 버섯

본문 단어 & 문법

絵(에) 그림　松(마쯔) 소나무

この単語、覚えていますか？
この単語 코노타이고、覚えて 오보에떼 いますか 이마스까？
이 단어, 기억하고 있습니까?

야채, 채소 •	• かぼちゃ
양파 •	• キュウリ
호박 •	• とうがらし
고추 •	• はくさい
배추 •	• ちしゃ
오이 •	• さつまいも
양배추 •	• にんにく
감자 •	• きのこ
고구마 •	• キャベツ
마늘 •	• じゃがいも
상추 •	• やさい
버섯 •	• たまねぎ

CHAPTER 023

주소를 쥬쇼오 읽어요ㄴ데 보자미요-
住所を 読んでみよう

하루에 딱 10단어!

하루
일본어 첫걸음
어휘 확장팩
VOCABULARY EXPANSION PACKAGE

word preview 023

01 쥬쇼 **住所** 주소
02 토 **都** 도(도쿄도)
03 도- **道** 도(홋카이도)
04 후 **府** 부(오사카부, 교토부)
05 케ㅇ **県** 현
06 시 **市** 시
07 쵸- **町** 동
08 쵸-메 **丁目** 가
09 바ㄴ찌 **番地** 번지
10 유-비ㅁ바ㅇ고- **郵便番号** 우편번호

CHAPTER 023

주소를쥬-쇼오 읽어요ㄴ데 보자미요-
住所を 読んでみよう

홋카이도
삿포로, 오타루

호쿠리쿠

도호쿠
센다이, 아오모리

츄고쿠
히로시마, 돗토리

간토
도쿄, 요코하마

규슈
후쿠오카
나가사키

긴키
교토, 고베

시코쿠

---

01 住所 주소

일본**は** 北海道호ㄱ까이도-, 本州호ㄴ슈-, 九州큐-슈-, 四国시코쿠라는 4개의 커다란 島시마로 이루어져 있어요. **また**또 中部츄-부, 近畿키ㅇ끼, 関東카ㄴ또-, 関西카ㄴ사이 등등**で** 나누기도 하지요. **これが** 우리나라**に**로 **する**치다하면 영서, 영남, 호남, 호서 그런 겁니다. 각 지역마다 쓰는 **なまり**사투리도 달라부러요. 우리나라**は** 행정구역을 도, 시, 군, 구**に**로 **わける**나누다하지만 **日本は 都**토 **道**도- **府**후 **県**케ㄴ으로 나눕니다.

본문 단어 & 문법

島(시마) 섬　～にわける(니와께루) ～로 나누다

160

都토는 **東京都**토-쿄-토를 말합니다. 일본의 **首都**슈또가 있는 **ところ**곳 ⁰²都 도쿄도
인데요, 우리나라**に**로 **して**치면 서울특별시**に** 해당합니다. 한 **国**쿠니**の**
수도가 어느 한 지역에 **属**조꾸되어 있으면 **困る**코마루하기 때문에 **独立**
도꾸리쯔된 행정구역**に**이 **なった**되었다고 합니다. **都**토는 다시 여러 개의
市시와 **区**쿠로 나뉘구요. 우리가 잘 아는 **新宿**시ㄴ쥬꾸**は** **新宿区**시ㄴ쥬꾸꾸
に **属して**속해**います**있습니다.

道도-는 **北海道**호ㄱ까이도-를 말하고요. 우리나라로 치자면 제주특 ⁰³道 홋카이도
별자치도 정도됩니다.

府후는 **大阪府**오-사까후와 **京都府**쿄-또후를 **言います**. **相当**소-또- **大き** ⁰⁴府 오사카, 교토
い크다한 도시인데 우리나라로 치자면 부산광역시, 인천광역시 정도
です. 인구도 많고 **歴史的**레끼시떼끼**にも** **ふるい**오래되다한 대도시**です**.

본문 단어 & 문법

首都(슈또) 수도 属する(조꾸스루) 속하다 独立(도꾸리쯔) 독립 相当(소-또-) 상당히
歴史的(레끼시떼끼) 역사적

05 県 현 　県케-은 우리나라の 강원도, 경기도 뭐 그런 개념で, 그より는 보다는 좀 더 자잘하게 나누었다고 생각하시면 **いいです**됩니다. 群馬県구마께-, 青森県아오모리께-, 新潟県니-가따께-, 얼마 전에 福島県후꾸시마께-の 原発게ㅁ빠쯔 터졌지요. 県케-은 43개**も**나 **あります**.

06 市 시　県케-은 다시 市시로 나뉘고요, 市시는 다시 町쵸-로 나뉩니다. 歌舞伎町카부끼쵸-라고 들어보셨죠? 町쵸-는 우리나라로 치자면 동 정도

07 町 동　됩니다. 町쵸-는 다시 丁目쵸-메로 나뉘는데, 一丁目이ㅅ쵸-메, 二丁目니

08 丁目 가　쵸-메 이런 식이고요, 우리로 치자면 종로3가, 종로5가 쯤? 그 **つぎ**다

09 番地 번지　음가 番地바ㄴ찌가 되겠네요. 뭐 建物타떼모노에 名前가 있거나 **アパート** 라면 무슨 건물 몇 동 몇 호**も**도 들어가고요.

　　　　가만있어보자, 1都토1道도-2府후43県케-이면... 와~ 그럼 행정구역이 총 四十七요ㄴ쥬-나나개나 되네요. 그래서 일본 사람들은 **ひま**한가 할 때 都道府県토도-후께- **ゲーム**게임를 **します**. 돌아가면서 행정구역 이름을 대는 건데, **これ**이거, '아이앰그라운드 나라 이름 대기' **ゲーム** **に**와 **にています**비슷합니다. 걸리는 사람 정말 망신이죠.

본문 단어 & 문법

より(요리) ~보다　原発(게ㅁ빠쯔) 원자력발전소　も(모) ~도, ~씩이나　建物(타떼모노) 건물
~に似ている(니니떼이루) ~와 닮았다

그럼 미야자키 하야오 監督카ㄴ또꾸の アニメ인 となりのトトロ로

유명한 ジブリ美術館지부리비쥬쯔까ㅇの 住所쥬-쇼를 한번 볼까요?

〒181-0013 東京都 三鷹市 下連雀1丁目 1-83

우편번호 181-0013 토-꾜-또 미타카시 시모레ㄴ쟈꾸 이ㅅ쵸-메 1-83바ㄴ찌

次쯔기は 고풍스러운 建物타떼모노로 有名유-메-な 게로 温泉오ㄴ세ㅇ마

을의 유노시마 旅館료까ㄴの 住所쥬-쇼です. 住所를 見て 찾아보세요.

郵便番号유-비ㅇ바ㅇ고- 509-2207 岐阜県 下呂市 湯之島 645   10郵便番号 우편번호

우편번호 509-2207 기후현 게로시 유노시마 645번지

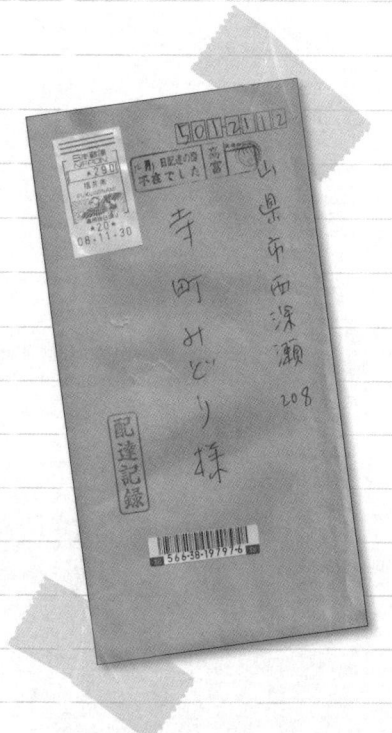

본문 단어 & 문법

監督(카ㄴ또꾸) 감독 アニメ(아니메) 만화영화 美術館(비쥬쯔까ㄴ) 미술관 次(쯔기) 다음
旅館(료까ㄴ) 여관(고급 숙박업소)

この単語コノタンゴ、覚えてオボエテいますかイマスカ?
이 단어, 기억하고 있습니까?

주소・	・市	・けん
도(도쿄)・	・住所	・と
도(홋카이도)・	・県	・ゆうびんばんごう
부(오사카, 교토)・	・丁目	・ちょう
현・	・番地	・ふ
시・	・都	・どう
동・	・町	・ばんち
가・	・府	・ちょうめ
번지・	・道	・じゅうしょ
우편번호・	・郵便番号	・し

CHAPTER 024

포장이세요? 오모찌까에리데스까
お持ち帰りですか

하루에 딱 10단어!

word preview 024

01 화스또후-도쇼ㅂ뿌 **ファストフードショップ** 패스트푸드점(fastfood shop)
02 테ㅇ이ㅇ **店員** 점원
03 츄-모ㅇ **注文** 주문
04 메시아가루 **召し上がる** 드시다
05 모찌까에루 **持ち帰る** 가지고 가다
06 바-가- **バーガー** 햄버거(burger)
07 규-도ㅇ **牛丼** 규동, 소고기 덮밥
08 부따도ㅇ **豚丼** 부타동, 돼지고기 덮밥
09 스이마세ㅇ **すいません** 여기요
10 하라우 **払う** 지불하다

CHAPTER 024

포장이세요? 오모찌까에리데스까
お持ち帰りですか

日本にも もちろん물론 맥도날드とか라든가 KFCのような같은 目に 익은 ファストフード패스트푸드ショップ숍が あります. 근데 英語에ー고 発音하쯔오오を そのまま그대로로 읽으면 너무 ながい길다하고 발음도 むずかしい어렵다하기 때문에 日本人は 이걸 줄여서 言います.

01 マック 맥도날드

02 スタバ 스타벅스

マクドナルド맥도날드는 マック마ㄱ꾸, KFCは ケンタッキー케ㄴ따ㄱ끼ー, スターバックス스타벅스는 スタバ스따바, ファミリレストラン패밀리레스토랑은 ファミレ화미레라고 言います. 아무튼 日本語が できない못 하다해서 밥을 굶을 こと일은 ありません. それに게다가 新宿や나 新大久保시오ー꾸보 같은 東京의 중심가に ある ファストフードショップ에는 한글 メニュー메뉴も あり, バイト알바하는 店員테이잉が 韓国人의 留学生류ー가꾸세ー인 場合바아이も 있거든요.

03 バイト 아르바이트

본문 단어 & 문법

~とか (또까) ~라든가   留学生 (류ー가꾸세ー) 유학생   場合 (바아이) 경우

注文츄-모o する 方法호-호는 어딜 가나 똑같아요. 食べたい한 ハンバーガー나 セットを 指유비で さす가리키다하면 됩니다. 바디랭기지는 世界세까이 공용어서니까. 근데 꼭 こう이렇게 물어봐서 人를 困る곤란하다하게 하더군요.

　　ここで여기서 めしあがりますか드세요? おもち帰りですか포장이세요? めしあがる드시다는 たべる먹다의 높임말이고요, おもちかえり에서 お는 존경, もち는 もつ가지다, かえり는 かえる돌아가다입니다. 한마디로 포장이냐, 이거죠. 솔직히 배낭여행자가 持って가지고 帰る돌아가다할 곳이 어디 있어요. 'ここで여기서 食べます먹을 겁니다'하면 되고요, 만약 ホテル로 먹을 거면 'もって가지고 かえります갈 겁니다'라고 하면 됩니다.

　　일본의 패스트푸드점 풍경은 韓国과 조금 ちがう다르다합니다. 그것은 바로 1인용 席세끼が 있다는 겁니다. 1인 席좌석は かべ벽를 보고 먹거나 칸막이が あります. いす의자가 달랑 一つ히또쯔 있어서 二人후따리가 마주보고 앉을 수가 없는 구조입니다. 私も 한번 その 席で 먹어 봤는데, バーガー가 안 넘어가더군요. 왕따に なった 感じ카니지랄까? 그런데 日本では 혼자で 食べる하는 게 그다지 이상한 일では ありません. 누가 一人で 먹든 말든 신경도 안 씁니다.

04 **注文** 주문

05 **お持ち帰り** 포장

06 **乗る** (탈것에)타다

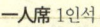
一人席 1인석

07 バーガー 햄버거

본문 단어 & 문법

方法(호-호-) 방법　食べたい(타베따이) 먹고싶다　指(유비) 손가락　困る(코마루) 곤란하다
席(세끼) 자리　二人(후따리) 두 사람　一人(히또리) 한 사람

08 牛丼 규동

그 밖의 安い싸다한 먹을거리로는 牛丼규–도o이 있어요. 소 우牛를 ぎゅう라고 読みます. 丼도o은 どんぶり덮밥에서 왔어요. 대패로 깎은 듯 얇은 牛肉규–니꾸를 しょうゆ간장 양념과 함께 밥の 上에 얹은 건데,

09 豚丼 부따동

吉野家요시노야가 有名유–메-です. 豚丼부따도o と いう の것も 있는데 豚부따

吉野家

는 '돼지'니까 대충 상상이 가실 거에요. 豚丼은 松屋마쯔야라는 店미세가 有名です. おもしろい재미있다한 のは은 吉野家의 주문方法호–호–인데, 指先유비사끼で 牛丼을 가리키면 店員が 大声오–고에で 외칩니다.

牛丼규–도o なみもり나미모리 一ちょう이x쵸-~

なみ는 보통이고, もり는 もる담다라는 뜻이에요. ちょう는 그릇이니까, '牛丼 보통 한 그릇'이란 뜻이지요.

많이 가본 人は 보통 こう이렇게 注文츄–모o します.

牛丼규–도o なみ나미 一ちょう이x쵸-, つゆ츠유 だくだく다꾸다꾸.

'규동 보통 한 그릇' 달라는 말인데 つゆ국물를 だくだく작작하게 달라는 말이에요.

본문 단어 & 문법

上(우에) 위   店(미세) 가게, 점포   指先(유비사끼) 손가락 끝   大声(오–고에) 큰 목소리

다 먹고 계산을 할 때는 손을 들고 **すいません**여기요, 하면 **店員**이 오는데, 돈을 **はらう**지불하다하면 알아서 거슬러주니 너무 **心配**시□빠이 하지 마세요. [10]**すいません** 여기요

그런데 주의할 점은 **吉野家には 男**남자만 간다는 겁니다. **彼女**여친**と** 가면 굉장한 **失礼**시쯔레-라고요. 아마 **わかれる**헤어지다하게 될 겁니다. **好きな**좋아하는 **人**와 갈 때는 **ファミレを 利用**리요-**してください!**

본문 단어 & 문법

男(오또꼬) 남자 彼女(카노죠) 그녀, 애인 失礼(시쯔레-) 실례 ファミレ(화미레) 패밀리레스토랑
利用(리요-) 이용

この単語、覚えていますか？
이 단어, 기억하고 있습니까?

점원 •	• すいません •	• めしあがる
주문 •	• 店員 •	• はらう
드시다 •	• 注文 •	• すいません
가지고 가다 •	• 豚丼 •	• ぎゅうどん
햄버거 •	• 召し上がる •	• ばーがー
소고기 덮밥 •	• 払う •	• ぶたどん
돼지고기 덮밥 •	• 持ち帰る •	• てんいん
여기요 •	• バーガー •	• もちかえる
지불하다 •	• 牛丼 •	• ちゅうもん

CHAPTER 025

쇼핑하러 카이모노니 갈래? 이까나이
買い物に 行かない

하루 일본어 첫걸음
어휘 확장팩
VOCABULARY EXPANSION PACKAGE

하루에 딱 10단어!

word preview 025

01 카이모노 **買い物** 지하철
02 데빠-또 **デパート** 백화점 (department store)
03 카우 **買う** 사다
04 부라ㄴ도히ㄴ **ブランド品** 명품 (brand-)
05 데빠찌까 **デパチカ** 백화점 지하 식품매장 (department store-)
06 네다ㄴ **値段** 값
07 호-무세ㄴ따- **ホームセンター** 대형마트, 홈센터 (home center)
08 코ㄴ비니 **コンビニ** 편의점 (convenience store)
09 도라ㄱ구스또아 **ドラッグストア** 편의점형 약국, 드럭스토어 (drugstore)
10 스-빠- **スーパー** 슈퍼마켓 (supermarket)

CHAPTER 025

쇼핑하러카이모노니 갈래이까나이?
買い物に 行かない

01 買い物 쇼핑

日本語で 쇼핑을 買い物카이모노라고 합니다. 買う사다에 物물건가 합쳐져 '물건 사기'라는 뜻의 名詞메-시に なった된 の것です. 물론 ショッピング라는 말도 쓰지만, 発音하쯔오○이 難しい무즈까시-해서 보통 買い物카이모노라고 합니다.

02 デパート 백화점

우리는 買い物 하면 デパート백화점를 떠올리지만, ショッピング를 꼭 デパートdepartment store에서만 하란 법은 ありません. デパート백화점든

03 買う 구입하다

スーパー슈퍼마켓든 コンビニ편의점든 物물건를 買う카우하면 다 買い物카이모노입니다.

본문 단어 & 문법

買う(카우) 사다   物(모노) 물건, 것   名詞(메-시) 명사   ショッピング(쇼삐-○구) 쇼핑

172

しかし그러나 쇼핑と 言えば하면 やはり역시 デパートですね. デパート 1층に 가득한 世界的な ブランド品부라ㄴ도히o 가방と 化粧品케쇼-히o들이 여심을 유혹하는 건 어느 나라も おなじ마찬가지です. 그런데 日本は デパートまだ 品ぞろえ시나조로에가 각각 特色토꾸쇼꾸가 있어요. 伊勢丹이세따o에만 있는 ブランド브랜드, 三越미쯔꼬시에만 있는 ブランド, まるい마루이에만 있는 ブランド가 다 다릅니다. 그래서 물건을 하나 買う사다하려면 온 村무라の デパート를 다 돌아다녀야 한답니다. 買い物하다가 腹하라が 고프면 デパチカ데빠찌까에서 해결할 수 있습니다. デパート의 地下치카라는 뜻인데요, 참 일본어らしい답다한 표현이네요.

04 ブランド品 명품

05 デパチカ 식품매장

ポケットが 軽い가볍다하거나 실속을 챙기는 사람이라면 アウトレット아울렛에 가면 ブランド品을 저렴한 値段네단에 살 수 있어요. 재수가 좋으면 半額하o가꾸에 買うこともできます. 그런데 もてる인기가 있다한 ブランド는 물건이 나오자마자 品切れ시나기레가 되니까 시간 날 때마다 よる들르다해주는 センスが 必要히쯔요-하지요.

06 値段 값

ホームセンター홈센터는 キッチン用品부엌용품, カー자동차用品요-히o, 金物카나모노, 家具카구 등 생활에 필요한 온갖 雑貨자ㄱ까를 다 파는 곳이랍니다. 우리나라로 치자면 대형 マート마트정도? 그 유명한 東急ハンズ토-뀨-하ㄴ즈도 ホームセンター로 분류되지요.

07 ホームセンター 마트

본문 단어 & 문법

ブランド品(부라ㄴ도히이) 명품 化粧品(케쇼-히이) 화장품 品揃え(시나조로에) 구색 村(무라) 마을
軽い(카루이) 가볍다 値段(네단) 값 半額(하o가꾸) 반액 金物(카나모노) 철물
品切れ(시나기레) 품절 必要(히쯔요-) 필요 家具(카구) 가구 雑貨(자ㄱ까) 잡화

08 コンビニ 편의점

그리고 우리에게도 익숙한 **コンビニ**인 **セブンイレブン**세븐일레븐**と
か サンクス**상쿠스**とか**라든가 **ファミリーマート**훼미리마트**とか** ampm**など**등
일본**を 代表**다이효**-하는 コンビニ**입니다. **会社員**카이샤이o들은 퇴근길에
コンビニ에 **寄る**요루해서 새로 나온 **エッチな**야한 **雑誌**자ㅅ시**や**나 **缶**카o**ビ
ール**캔맥주를 사 간답니다.

09 ドラッグストア 약국

最近사이끼o**は ドラッグストア**드럭스토어라고 해서 **簡単**카ㄴ따ㄴ한 **薬**쿠
스리와 함께 **化粧品**케쇼-힝, **ソフトドリンク**청량음료, **雑貨**잡화를 파는 변
종 **コンビニ**도 장사가 잘 된다고 하네요. **マツモト**마쯔모또 **キヨシ**키요시
라는 **ドラッグストア**드럭스토어가 **有名**유-메-하답니다. **日常生活**니찌죠-세-
까쯔에 **必要**한 **もの**물건**を** 저렴하게 **買う**할 수 있기 때문에 여행 갈 **時**때
荷物니모쯔를 바리바리 싸갈 **必要**가 **ありません**.

10 スーパー 슈퍼마켓

スーパー는 **食料品**쇼꾸료-힝**を** 주로 파는 대형 매장**の ことです**말
합니다. 우리나라는 동네 **小店**코미세도 **看板**카ㄴ바ㄴ에는 '뽕뽕**スーパー**'
라고 쓰지만 **日本の スーパー**는 규모가 크답니다. **デパート**에서 **デパチ
カ**백화점 지하 식품매장만 따로 떼어 놓은 거라고 생각하시면 됩니다.

ドラッグストア

본문 단어 & 문법

代表(다이효-) 대표　**会社員**(카이샤이-) 회사원　**寄る**(요루) 들르다　**雑誌**(자ㅅ시) 잡지
缶(카o) 캔, 깡통　**簡単**(카ㄴ따ㄴ) 간단　**薬**(쿠스리) 약　**日常生活**(니찌죠-세-까쯔) 일상생활
荷物(니모쯔) 짐　**スーパー**(스-빠-) 슈퍼마켓　**食料品**(쇼꾸료-힝) 식료품
小店(코미세) 구멍가게　**看板**(카ㄴ바ㄴ) 간판

物모노を 買う카우 時토끼에는 말이 필요 없어요. ほしい가지고 싶다한 もの를 指先손가락 끝で으로 가리키면 いいです됩니다. 다만 店員에 何か 물어 볼 일이 あれば있다면 말을 좀 해야죠. 舌시따에 わさび 좀 바르고 따라 해봅시다.

いくら이꾸라 ですか데스까(얼마에요)?

思ったより오못따요리 高いですね타까이데스네(생각보다 비싸네요).

ちょっと쵸ㅅ또 安くは야스꾸와 なりませんか나리마세ㅇ까(좀 싸게는 안 돼요)?

これに코레니 します시마쓰(이걸로 할게요).

これより코레요리 小さいのは치-사이노와 ありませんか아리마세ㅇ까(이거보다 작은 건 없어요)?

試着시쨔꾸 しても시떼모 いいですか이-데스까(입어봐도 되나요)?

カードで카-도데 できますか데끼마스까(카드 받아요)?

払い戻し하라이모도시 できますか데끼마스까(환불 되나요)?

본문 단어 & 문법

舌(시따) 혀   試着(시쨔꾸) 시착, 입어봄   カード(카-도) 카드, 신용카드
払い戻し(하라이모도시) 환불

참고로 어떤 가게, 점포라는 의미로 쓸 때는 **店**미세라고 하고, '~파는 가게'라는 뜻으로 쓸 때는 물건+**屋**야를 씁니다.

あの저 店가게는, ラーメンが라멘이 おいしいです맛있어요.

本屋호야 : 本책屋파는 가게

花屋하나야 : 花꽃屋파는 가게

パン屋팡야 : パン빵屋파는 가게

文房具屋부ㅁ보-구야 : 文房具문방구屋파는 가게

본문 단어 & 문법

店(미세) 가게   パン(파ㅇ) 빵   文房具(부ㅁ보-구) 문방구

CHAPTER 026

여자의 죠세-노 천국 테ㅇ꼬꾸 드럭스토어 도라ㄱ구스토아
女性の 天国 ドラッグストア

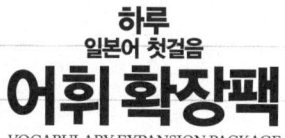

word preview 026

01 케쇼-히ㅇ **化粧品** 화장품
02 미세 **店** 가게
03 야ㄱ꾜꾸 **薬局** 약국
04 도라ㄱ구스토아 **ドラッグストア** 편의점형 약국, 드럭스토어(drugstore)
05 제-따꾸 **ぜいたく** 사치
06 히후 **皮膚** 피부
07 하다 **肌** 살갗

CHAPTER 026

여자의죠세-노 천국테ㅇ꼬꾸 드럭스토어도라ㄱ구스토아
女性の 天国 ドラッグストア

01 化粧品 화장품

02 店 가게

03 薬局 약국

何年나ㄴ네ㅇ 前から ですかね일까요, 우리나라에도 올리브영이라던가 왓슨스라던가 コンビニ에서도 ない아니다하면서 化粧品屋케쇼-히ㅇ야에서도 ない한 요상한 店미세가 많이 생겨 문지방이 다 닳아 없어질 정돈데요. 이런 店미세는 일본에서 먼저 できる생기다한 겁니다. コンビニ가 포화상태라 何か뭔가 新しい아따라시-한 형태의 コンビニ가 필요해서죠. もともと원래는 薬局야ㄱ꾜꾸인데 간단한 化粧品화장품을 같이 팔면서 すごい대단하다한 人気니ㅇ끼를 누리고 있어요. 이런 걸 ドラッグストア드럭스토어라고 하더군요.

본문 단어 & 문법

何年(나ㄴ네) 몇 년　　前(마에) 전, 앞　　~でもない(데모나이) ~도 아니다
新しい(아따라시-) 새롭다　　薬局(야ㄱ꾜꾸) 약국　　人気(니ㅇ끼) 인기

ドラッグストア드럭스토어での에서의 화장품 買い物쇼핑는 여성들만이 누릴 수 있는 저렴한 ぜいたく사치죠. 化粧品は だいたい대부분 외래어로 되어 있기 때문에 カタカナだけ만 読める읽을 수 있다 하면 オッケーOK です. 하지만 자기 皮膚히후에 맞는 化粧品을 잘 えらぶ고르다해야겠죠? 그리고 이런 ドラッグストア는 二階니까이로 되어 있으니 꼭 二階이층에 올라가みてください보세요.

04 贅沢 사치
05 皮膚 피부

그럼 買い物카이모노, 用意요-이, とん토o!

化粧品케쇼-힝 화장품

洗顔フォーム세ㅇ가ㄴ호-무 크렌징 폼

香水코-스이 향수

ファンデーション화ㄴ데-쇼ㅇ 파운데이션

クリーム쿠리-무 크림

アイライナー아이라이나- 아이라이너

まゆずみ마유즈미 아이브로

アイシャドー아이샤도- 아이샤도우

化粧水케쇼-스이 스킨

日焼け止めクリーム히야께도메쿠리-무 선크림

본문 단어 & 문법

用意(요-이) 준비　トン(토ㅇ) 땅!　洗顔(세ㅇ가ㄴ) 세안　まゆ(마유) 눈썹
日焼け(히야께) 볕에 그을림　止め(토메) 금지, 막음

頬紅 호-베니 볼터치

下地クリーム 시따지쿠리-무 메이크업베이스

口紅 쿠찌베니 립스틱

マスカラ 마스까라 마스카라

ネイルカラー 네이루카라- 매니큐어

リムーバー 리무-바- 리무버

クレンジングオイル 쿠레ㄴ지ㄴ구오이루 크렌징오일

メイク落し 메이꾸오또시 메이크업리무버

美容液 비요-에끼 엣센스

基礎系商品 키소께-쇼-히ㅇ 기초화장품

パック 파ㄱ꾸 팩

パウダーファンデー 파우다-화ㄴ데- 투웨이케이크

乳液 유-에끼 에멀젼

コンシーラー 코ㄴ시-라 컨실러

ボディー洗浄料 보디-세ㄴ죠-료- 바디클렌저

あぶらとり紙 아부라또리가미 기름종이

引き締め 히끼시메 아스트린젠트

본문 단어 & 문법

下地 (시따지) 기초, 토대   落とす (오또스) 떨어뜨리다   洗浄 (세ㄴ죠-) 세정   あぶら (아부라) 기름
とる (토루) 따다, 제거하다   紙 (카미) 종이   引き締める (히끼시메루) 죄다, 졸라매다

化粧品は 꼭 자기 肌하다 타입에 맞는 걸 골라야 해요. 肌살갗の タイプを 表す나타내다하는 말을 일본어で 알아야 하겠죠? 그리고 最近최근は 無香料무꼬-료-, 無着色무쨔꾸쇼꾸 化粧品가 인기가 좋다そうです고 합니다.

⁰⁷肌 살갗

普通肌후쯔-하다 중성피부
乾燥肌카ㄴ소-하다 건성피부
脂性肌시세-하다 지성피부
混合肌코ㅇ고-하다 복합성피부
敏感肌비ㅇ까ㅇ하다 민감성피부
くま쿠마 다크서클
毛穴케아나 모공

さらさら사라사라 뽀송뽀송
しっとり시ㅅ또리 촉촉
さっぱり사ㅂ빠리 산뜻
つるつる츠루쯔루 매끈매끈
ばさばさ바사바사 푸석푸석
がさがさ가사가사 거칠거칠

본문 단어 & 문법

表す(아라와스) 나타내다　最近(사이끼ㅇ) 최근　普通(후쯔-) 보통　乾燥(카ㄴ소-) 건조
脂性(시세-) 지성　混合(코ㅇ고-) 혼합　敏感(비ㅇ까ㅇ) 민감

この単語、覚えていますか？
이 단어, 기억하고 있습니까?

화장품 •	• 皮膚	• みせ
가게 •	• 贅沢	• はだ
약국 •	• 化粧品	• やっきょく
편의점형 약국 •	• 店	• ひふ
사치 •	• ドラッグストア	• ぜいたく
피부 •	• 肌	• けしょうひん
살갗 •	• 薬局	• どらっぐすとあ

CHAPTER 027

양복의 요-후꾸노 아오야마 아오야마
洋服の 青山

하루에 딱 10단어!

하루 일본어 첫걸음 어휘 확장팩
VOCABULARY EXPANSION PACKAGE

word preview 027

01 키모노 **着物** 옷, 여성의 전통 의상
02 와후꾸 **和服** 환승, 일본 전통 의상
03 하까마 **はかま** 주름바지
04 하오리 **はおり** 겉옷
05 스-쯔 **スーツ** 정장(suits)
06 유까따 **ゆかた** 전통 홑겹옷
07 후꾸 **服** 옷
08 세-후꾸 **制服** 제복, 교복, 유니폼
09 세비로 **背広** 양복
10 즈보o **ズボン** 바지
11 시따기 **下着** 속옷

CHAPTER 027

양복의 요-후꾸노 아오야마 아오야마
洋服の 青山

아오야마는 일본의 유명한 중저가 양복 판매점입니다. 대학생들은 취업활동을 할 때가 되면 단정한 면접복을 아오야마에서 구입하죠. 우리나라로 치면 파크랜쁭 정도?

昔は 옛날에는 옷을 키모노と 言いました. 먹을 것은 食べ物(食べる+物), 마실 것은 飮み物(飮む+もの)라고 하는 것처럼, 입을 것은 着物 키모노(着る 입다+物)라고 했던 거죠. 今は 지금은 일본の 傳統 데ㄴ또-의 상을 着物, 또는 和服 와후꾸라고 한답니다. 和와는 日本을 뜻해요. 服후꾸는 옷이고요.

01 和服 와후꾸

본문 단어 & 문법

昔(무까시) 옛날 今(이마) 지금 傳統(데ㄴ또-) 전통

일본では 祝日슈꾸지쯔가 아니어도 着物를 입어요. 특히 金持ち카네모찌집 마님이나 사회 고위층 인사의 奥様오꾸사마들은 격식 있는 자리에 나갈 때 着物를 즐겨 입지요. 着物 そのもの자체가 워낙 高い해서 身分미부ㅇ의 상징과도 같거든요. 근데 着物는 입는 법이 너무 複雑후꾸자쯔해서 自分で스스로는 着る키루할 수가 없답니다. 美容室비요-시쯔에 가서 입혀달라고 해야 해요.

02 着物 기모노

男의 전통 衣装이쇼-는 はかま와 はおり입니다. 袴하까마는 주름이 잡힌 치마바지고요, 羽織하오리는 우리나라로 치면 마고자랑 비슷합니다. 근데 요즘 남자들은 공식적인 자리에서 袴와 羽織 대신 黒い검다한 スーツ정장를 주로 着る한답니다. 단, 자기 結婚式게ㄱ꼬ㄴ시끼 때는 꼭 はかま와 はおり를 입어요.

03 袴 주름바지

04 羽織 덧옷

05 スーツ 정장

날이 暑くなる더워지다해지면 着物랑 비슷한데 좀 더 가볍고 편한 ゆかた를 입어요. 꼭 목욕 가운처럼 생긴 얇은 홋겹옷인데 娘무스메たち들는 夏여름가 되면 알록달록한 浴衣유까따 차림에 ぞうり조리를 신고 うちわ부채를 팔랑거리면서 出かける외출하다를 한답니다. 남자도 浴衣를 입긴 입지만 역시 여자가 입는 方호-가 보기 좋네요.

06 浴衣 유카타

본문 단어 & 문법

祝日(슈꾸지쯔) 명절 金持ち(카네모찌) 부자 奥様(오꾸사마) 마님 身分(지부ㄴ) 자기
複雑(후꾸자쯔) 복잡 自分で(지부ㄴ데) 스스로 着る(키루) 입다
黒い(쿠로이) 검다 結婚式(게ㄱ꼬ㄴ시끼) 결혼식 娘(무스메) 젊은 여자, 처녀
方(호-) 쪽, 편

⁰⁷服 옷　　그냥 평소 입는 옷은 服후꾸라고 해요. 洋服요-후꾸, 그러니까 양복과 하면 우리는 男의 신사복을 떠올리지만 日本では ジーンズ청바지라든가 ティーシャツ티셔츠라든가 セーター스웨터, ジャケット재킷 같은 和服じゃない와후꾸가 아닌 服옷를 말합니다.

⁰⁸制服 제복, 유니폼　　警察게-사쯔나 여자 은행원, 店員테이잉들은 制服세-후꾸를 입습니다. ユニフォーム라고도 하는데 発音이 좀 어렵지요? 生徒세-또들이 입는 교복도 制服라고 합니다. セーラー服세라복는 이미 일본 女子学生죠시가꾸세-の 상징이 되어버렸답니다! 거기 이상한 상상 하시는 変態헨따이の方카따, 침 닦으세요!

⁰⁹背広 양복　　サラリーマン샐러리맨の ユニフォーム인 スーツ수트는 せびろ양복라고도 하는데요, せ는 背등, びろ는 ひろい넓다라는 뜻입니다. 말 그대로 등판이 広い히로이해 보이는 服란 뜻이지요. スーツ는 아래위가 一着이스짜꾸로 된 背広세비로고요, コンビ콤비는 아래 위 색이 別々베쯔베쯔로 된 背広の ことです말합니다. 그런데 일본 남자들이 입은 ズボン바지을 보면

¹⁰ズボン 바지　　하나같이 다 짧달막해요. くつ구두 위로 くつした양말가 다 見える할 정도로요. 그래서 スーツ 입은 姿스가따만 보면 일본사람であるか인지 ではないか아닌지 알 수 있다니까요. 우리나라では 몸에 ぴったり딱 맞는 은갈치 スーツ가 유행인데요, 일본에서는 普通の人보통 사람は은 그런 옷을 입지 않아요. 歌舞伎町카부끼쬬-의 ホスト들만 입는답니다.

본문 단어 & 문법

~じゃない(쟈나이) ~가 아니다　警察(게-사쯔) 경찰　生徒(세-또) 학생
女子学生(죠시가꾸세-) 여학생　変態(헨ㄴ따이) 변태　一着(이스짜꾸) 한 벌
別々(베쯔베쯔) 따로따로　姿(스가따) 모습　~である(데아루) ~이다
普通(후쯔-) 보통　ホスト(호스또) 호스트

윗옷은 **うわぎ**(上위+着る입다)라고 하는데, **これは 発音に 注意**츄-이하세요. **うわき**는 '바람피우다' 할 때 그 '바람'이거든요. 그럼 아래옷은 뭐라고 할까요? 일본어 조금 하시는 분이라면 **したぎ**(下+着る)라고 할 수도 있지만, 아쉽게도 땡~. 바지는 **ズボン**즈봉, **パンツ**팬츠라고 하고 치마는 **スカート**스커트라고 해요. **下着**시따기는 **パンティー** 여성용 팬티나 **ブリーフ**남자용 팬티, **ブラジャー**브래지어같은 속옷을 말합니다. **肌**하다에 **直接**쵸꾸세쯔 닿는 옷이라는 뜻으로 **肌着**하다기**とも 言います**. **面白い**오모시로이한 **の**것**は, 上着**우와기는 **着る**키루하지만 ズボン은 **はく**입다해요. 머리**から** 뒤집어 쓰는 건 **着る**, **足**아시부터 끼워서 입는 건 **はく**. 이러면 좀 외우기 쉽나요?

||下着 속옷

본문 단어 & 문법

注意(츄-이) 주의　**直接**(쵸꾸세쯔) 직접　**足**(아시) 발

この単語 코노타○고、覚えて 오보에떼 いますか 이마스까?
이 단어, 기억하고 있습니까?

여성 전통 의상 •	• 和服 •	• ずぼん
전통 의상 •	• スーツ •	• せびろ
주름바지 •	• 制服 •	• きもの
겉옷 •	• 下着 •	• わふく
정장 •	• 背広 •	• はおり
전통 홑겹옷 •	• ズボン •	• せいふく
옷 •	• 袴 •	• ゆかた
제복 •	• 着物 •	• はかま
양복 •	• 羽織 •	• わふく
바지 •	• 服 •	• したぎ
속옷 •	• 浴衣 •	• ふく

CHAPTER 028

화장실은 토이레와 어디입니까? 도꼬데스까
トイレは どこですか

word preview 028

01 케쇼-시쯔 **化粧室** 화장실
02 벤죠 **便所** 변소
03 오떼아라이 **お手洗い** 화장실
04 토이레 **トイレ** 화장실(toilet)
05 으ㅇ꼬 **うんこ** 똥, 응아
06 오시ㄱ꼬 **おしっこ** 오줌, 쉬야
07 토이레ㅅ또뻬-빠- **トイレットペーパー** 두루마리 휴지(toilet paper)
08 티슈뻬-빠- **ティッシュペーパー** 화장지, 티슈(tissue paper)
09 와슈레ㅅ또 **ウォシュレット** 비데, 워실릿(Washlet:상품명)

CHAPTER 028

화장실은_{토이레와} 어디입니까?_{도꼬데스까}
トイレは どこですか

01 化粧室 화장실

아! うんこ_똥 마려~. 그럼 얼른 化粧室_{케쇼-시쯔}에 가야죠. 근데 화장실 하면 何이_{뭐가} 생각나세요? 私는 쏴아~ 便器_{벤ㅇ끼} 물 내리는 音_오と 뿌지직~ 소리と 구수한 고향の 臭み_{쿠사미}가 떠오릅니다. なぜなら_{왜냐하면} 화장실 가서 하는 일이란 게 뻔하잖아요. 하물며 便所_{벤ㄴ죠}라는 말은 더하겠지요. 便所에 간다고 하면 なぜか_{왠지} 大便_{다이베ㄴ} 보는 場面_{바메ㄴ}이 적나라하게 떠오르잖아요.

02 便所 변소

なにか_뭔 일 ある_{있어}?

うんこ_똥 したくて_{마려워서} さ_{그래}.

본문 단어 & 문법

便器(벤ㅇ끼) 변기 音(오또) 소리 臭み(쿠사미) 구린내 大便(다이베ㄴ) 대변
場面(바메ㄴ) 장면

190

그래서 조금 우아하게 **お手洗い**오떼아라이라고 **言います**. 그러면 **手**손를 **洗う**씻다하는 **場面**장면이 생각날까요? 그건 아니죠. **女性の方**여성분의 **場合**경우는 '화장 고치는 곳'이라는 뜻으로 **化粧室**케쇼-시쯔라고 돌려 말하기도 했답니다. **しかし**그러나 이제는 **トイレ**가 가장 일반적으로 쓰입니다. **発音**도 쉽지요?

[03] **お手洗い** 화장실

どこ어디 行くの가니?

ちょっと잠깐 トイレ화장실 좀.

[04] **トイレ** 화장실

뿌웅 하는 **おなら**방귀와 함께 **うんこ**똥가 시원하게 나오지 않으면 **便秘**베□삐를 **うたがう**의심하다해봐야겠네요. 평소에 **やさい**야채 많이 **食べて**먹고 **運動**운도- 열심히 하세요. 그리고 가끔 **おしっこ**오줌가 노랗게 나올 수도 있는데 **オレンジ**오렌지**ジュース**주스나 **ビタミン**비타민 씨를 먹으면 그렇더라고요.

[05] **うんこ** 응아

[06] **おしっこ** 쉬야

본문 단어 & 문법

洗う(아라우) 씻다   **場合**(바아이) 경우   **便秘**(베□삐) 변비   **運動**(우ㄴ도-) 운동

우리는 두루마리 휴지를 **食卓**쇼꾸따꾸**の 上に** 떡하니 올려놓고 쓰지만 **日本では** 말도 안 되는 일이에요. **家庭**카떼-가 파탄납니다. 두루마리 휴지는 **トイレットペーパー**토일렛페이퍼라고 해서 똥 닦을 때만 쓰거든요. 그 외에는 한 장씩 뽑아 쓰는 **ティッシュペーパー**티슈페이퍼를 씁니다. 지금은 일반 가정에 **ウォシュレット**비데가 많이 보급되어 **トイレットペーパー**는 **電車駅**덴샤에끼나 **公衆**코-슈-**トイレ**에서나 볼 수 있답니다.

08 トイレットペーパー
09 ティッシュペーパー
10 ウォシュレット 비데

본문 단어 & 문법

食卓(쇼꾸따꾸) 식탁   家庭(카떼-) 가정   公衆(코-슈-) 공중

日本では 用事(요-지)를 다 보고나서 後片付け(아또카따즈께)를 잘 해야 하는데, 특이하게 日本人은 일을 본 다음 トイレットペーパーの 끝부분을 삼각형으로 접어놓더라고요. 접지 않고 그냥 나오면 뒷사람이 'あ, 韓国人が 싸고 갔구나' 대번에 알아챕니다. 그럴 땐 '씨예씨예' 하고 中国人(츄-고꾸진)인 척 하는 게 국위선양の 近道(치까미찌)인거 아시죠?

본문 단어 & 문법

用事(요-지) 볼일 後片付け(아또카따즈께) 뒷정리 後(아또) 뒤, 나중 片付ける(카따즈께루) 정리하다
近道(치까미찌) 지름길

この単語、覚えていますか？
이 단어, 기억하고 있습니까?

화장실	ティッシュペーパー	けしょうしつ
변소	便所	うんこ
화장실	ウォシュレット	おてあらい
화장실	トイレ	てぃっしゅぺーぱー
똥, 응아	化粧室	といれ
오줌, 쉬야	おしっこ	おしっこ
휴지	うんこ	といれっとぺーぱー
화장지	お手洗い	べんじょ
비데	トイレットペーパー	うぉしゅれっと

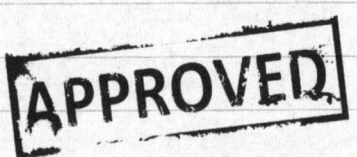

CHAPTER 029

여보세요 모시모시
もしもし

하루에 딱 10단어!

word preview 029

01 데ㅇ와 **電話** 전화
02 카케루 **かける** (전화를)걸다
03 데루 **でる** (전화를)받다
04 케-따이 **ケイタイ** 휴대전화
05 오-고에 **大声** 큰 목소리
06 코고에 **小声** 작은 목소리
07 마나-모-도 **マナーモード** 진동모드, 매너모드(manner mode)
08 데ㅇ와바ㅇ고- **電話番号** 전화번호
09 메-아도 **メーアド** 메일 주소(mail address)
10 코꾸사이데ㅇ와 **国際電話** 국제전화

CHAPTER 029

여보세요 모시모시
もしもし

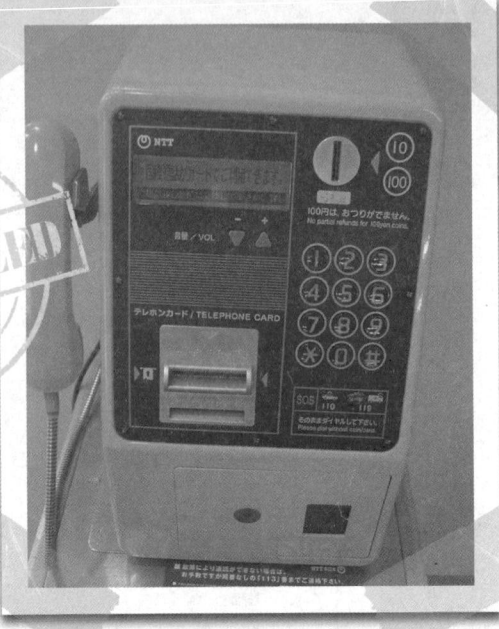

01 電話 전화
02 かける 걸다
03 出る 받다, 나오다
04 身分 신분

電話데ㅇ와を かける걸다하고 電話に전화를 出る받다하는 건 쉽지요. 전화番号바ㅇ고-만 누르면 되니까요. 일본では 주로 電話に 出る하는 사람이 자기 身分미부ㅇ을 먼저 밝히는데요, 주로 'はい, 木村키무라です' 하고 名字묘-지를 말한답니다. 굳이 解析카이세끼한다면 '네, 김입니다' 정도? 우리として로서는 좀 어색하지만 名字묘-지만으로 사람이나 집안을 구분하는 일본에서는 이상할 게 一つ히또쯔모 ありません. 그러면 電話を かける한 사람은 다시 確認카꾸니ㄴ하죠.

본문 단어 & 문법

番号(바ㅇ고-) 번호   名字(묘-지) 성씨   解析(카이세끼) 해석   一つ(히또쯔) 하나
確認(카꾸니ㄴ) 확인

ケイタイ라면   ケイタイ 휴대전화

'もしもし여보세요, 木村さんで키무라씨 ございますね되시나요?'

집으로 하는 거라면

'もしもし, 木村さんの お宅오타꾸ですね?' 하면 됩니다.

근데 요즘은 もしもし하면 원시인 あつかい취급하더군요.

    일본의 ケイタイ핸드폰 マナー매너는, 제가 볼 때 우리나라보다 약간 낫습니다. 電車の 中で 大声오-고에で 통화를 하는 사람을 거의 못 보았고요. かけて걸려くる오다해도 입을 가리고 小声코고에で '지금 電車니까 나중에 します할게요'라고 하는 사람은 가끔 있더라고요. ケイタイ를 전부 マナーモード로 바꾸어 놓았는지 벨소리도 거의 안 들립니다. 우렁차게 鳴る나루하는 ケイタイ 벨소리는 세계 어딜 가나 소음공해인가 봅니다.

    요즘은 スマートフォン스마트폰이 대세라 전부 アイフォーン아이폰을 들고 다닙니다. 가뜩이나 ケイタイ를 붙들고 사는 현대인은 정말 ケイタイ를 손에서 はなす놓다할 수가 없게 되었죠.

05 大声 큰 목소리
06 小声 작은 목소리
07 マナーモード 진동

본문 단어 & 문법

中(나까) 전안, 속   鳴る(나루) 울리다

08 電話番号 전화번호

상대방의 전화번호를 물을 때는 **電話番号**데o와바o고- **もらえますか**받을 수 있습니까? 라고 하면 되는데, 그러면 전화번호를 숫자 하나 하나 끊어서 불러줄 것입니다. 예를 들어 010-7140-2583이라면 아래 처럼 되겠죠.

ゼロ제로, 一이찌, ゼロ제로, の노

七나나, 一이찌, 四요니, ゼロ제로, の노

二니, 五고, 八하찌, 三사o

自分지부ㄴ**の 電話番号**데o와바o고-를 불러줄 때도 같은 요령입니다. **数字**스-지는 하나**ずつ**씩 불러주고 **ダッシュ**다시(dash, -)를 **の**로 **読めば**읽으면 됩니다.

본문 단어 & 문법

もらう(모라우) 받다   もらえる(모라에루) 받을 수 있다   自分(지부ㄴ) 자기   数字(스-지) 숫자
読む(요무) 읽다

우리나라는 문자메시지를 상대방 **ケイタイ番号**바०고-로 보내는데, 일본은 그렇지 않습니다. 각 **ケイタイ**마다 고유의 **メーアド**메일어드레스 [09]**メーアド** 메일주소
가 있어서 문자를 그 **メーアド**로 보내야 합니다.

keichan@docomo.ne.jp

tanaka@softbank.ne.jp

つまり즉 문자**メッセージ**가 아니라 **電子**덴시**メール**메일인 거죠. 그래서 **ケイタイ番号**만 알아서는 문자를 보낼 수 없고 **メーアド**를 알아야만 보낼 수 있답니다.

また또 **一つ**히또쯔 주의할 **こと**것은 일본에 갈 때 거의 **ローミング**를 하는데, 잠깐 **トイレ**에 간 **一行**이ㄱ꼬-에게 **電話**를 **かける**걸다하면 같은 **日本に** 있더라도 **国内**코꾸나이**電話**가 아닌 **国際**코꾸사이**電話** 요금이 적용 [10]**国際電話** 국제전화
된다는 겁니다. 요금 **爆弾**바꾸단에 주의하셔야겠죠?

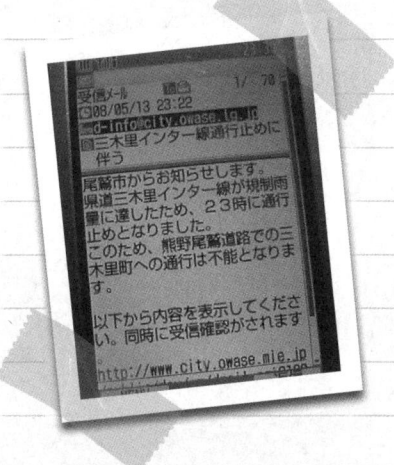

본문 단어 & 문법

メッセージ(메ㅅ세ー지) 메시지   **電子**(덴시) 전자   **ローミング**(로-미ㅇ구) 로밍
一行(이ㄱ꼬-) 일행   **国内**(코꾸나이) 국내   **国際**(코꾸사이) 국제   **爆弾**(바꾸단) 폭탄

この単語、覚えていますか？
이 단어, 기억하고 있습니까?

전화	・メーアド	・でる
(전화를)걸다	・国際電話	・おおごえ
(전화를)받다	・出る	・でんわ
휴대전화	・小声	・かける
큰 목소리	・掛ける	・めーあど
작은 목소리	・ケイタイ	・こごえ
진동모드	・大声	・でんわばんごう
전화번호	・マナーモード	・けいたい
메일 주소	・電話	・こくさいでんわ
국제전화	・電話番号	・まなーもーど

CHAPTER 030

컴퓨터 파소꼬ㄴ 다운됐어 카타마ㅅ따
パソコン かたまった

하루에 딱 10단어!

word preview 030

01 파소꼬ㅇ **パソコン** 컴퓨터(personal computer)
02 네ㅅ또 **ネット** 인터넷(internet)
03 아꾸세스 **アクセス** 접속(access)
04 노-또빠소꼬ㅇ **ノートパソコン** 노트북(note-)
05 카따마루 **かたまる** 굳다, 다운되다
06 호조ㅇ **保存** 보존, 저장(save)
07 쇼-꾜 **消去** 소거, 삭제(delete)
08 메루아도 **メルアド** 메일주소(mail address)
09 우이루스 **ウイルス** 바이러스(virus)
10 메-와꾸메-루 **迷惑メール** 스팸메일(迷惑:성가심)

201

CHAPTER 030

컴퓨터파소꼬ㅇ 다운됐어카타마스따
パソコン かたまった

01 パソコン 컴퓨터

이제는 **マウス**로 **クリック**만 할 수 있으면 누구나 **パソコン**을 사용할 수 있는 시대**になりました**. **パソコン音痴**오ㄴ찌도 이젠 옛말이 되었지요. 뿐만 아니라 **ネット**인터넷에 연결되기만 어떤 **情報**죠-호-라도

02 ネット 인터넷

쉽게 찾아낼 수 있어요. **ネットの世界**세까이**は** 크고 넓으니까요. 그래서 요즘 사람들은 궁금한 것이 있으면 제일 먼저 **ネット**で 찾아보는

03 アクセス 접속

くせ버릇가 있답니다. 때로는 **一日中**이찌니찌쮸- **ネット**에 **アクセス**접속한 채로 있는데, 잘못하면 **ネット廃人**하이진이 되어버리기 쉽답니다.

참고로 **パソコン**은 **パーソナルコンピューター**를 줄인 건데, 가정용 컴퓨터의 ことです. **コンピューター**는 もっと더 규모가 **大きい**한

04 ノートパソコン 노트북

컴퓨터의 ことです. 슈퍼컴퓨터のような같은 ものです. 노트북**は ノートパソコン**노-또파소꼬ㅇ이라고 합니다.

본문 단어 & 문법

マウス(마우스) 마우스　**クリック**(쿠리ㄱ꾸) 클릭　**音痴**(오ㄴ찌) 음치
パソコン音痴(파소꼬ㅇ오ㄴ찌) 컴맹　**情報**(죠-호-) 정보　**世界**(세까이) 세계
一日中(이찌니찌쮸-) 하루 종일　**廃人**(하이지ㄴ) 폐인　**大きい**(오-끼-) 크다

저는 **ネットショップ**인터넷쇼핑몰를 **よく**자주 이용하는데 **いろいろな**다양한 물건**の 価格**카까꾸를 비교해 가면서 **一番 安い**한 값에 **買える**살 수 있다하기 때문입니다. 그런데 싸게 파는 쇼핑몰 **ホームページ**에 사람이 너무 몰리면 **接続**세쯔조꾸도 잘 안되고 **パソコン**도 느려지고 **修羅場**슈라죠-도 보통 **修羅場**수라장가 아니죠. 그러다가 **いくら**아무리 **キーボード**를 눌러도, **いくら マウス**를 **クリック**해도 **モニター**에 아무런 **反応**하노-**も** 없다면 컴퓨터가 **かたまる**굳다 된 거랍니다. 그럴 때 **リセット**밖에 **仕方**시카타**が** 없어요. 가끔 제 **人生**진세-도 그렇게 **リセット**해서 **再起動**사이끼도-할 수 있으면 좋겠다는 생각을 해요. 그런데 중요한 레포트를 쓰다가 **保存**호조ㄴ하기도 전에 **パソコン**이 **かたまる**다운되다하면 정말 **困る**코마루하겠지요. 그러니까 자주자주 **保存**저장하는 **習慣**슈-까ㄴ을 들여야 합니다. ⁰⁶**保存** 저장

あぁ、また또 **かたまった**다운됐다!

본문 단어 & 문법

価格(카까꾸) 가격   **接続**(세쯔조꾸) 접속   **キーボード**(키-보-도) 키보드   **反応**(하노-) 반응
仕方(시까따) 하는 수   **人生**(지ㄴ세-) 인생   **リセット**(리세ㅅ또) 리셋
再起動(사이끼도-) 재시작   **習慣**(슈-까ㄴ) 습관

わが国우리나라には 골목마다 PC방이 있지만 日本には PC방 찾기가 空소라の 星호시を とる따다하기보다 어려워요. PC방과 비슷한 まんが喫茶키사사가 있긴 한데 우리와는 좀 다르게 생겼어요. 조그만 部屋마다 パソコン이 설치되어 있고, 部屋の 中で まんが만화도 보고 밥도 먹고 잠도 자고 テレビ도 보고 그런답니다. 가끔 여기서 エッチ야한 행동 하시는 분도 있어요. 방음이 안 되어 있어서 정말 현장감 넘친답니다.

그런데 みなさん여러분には 이런 経験케-께o 없나요? 얼마 전 오랜만에 ブログ에 ログイン하려는데 ユーザーID는 생각이 나는데 暗証番号안쇼-바이고-가 생각이 안 나는 거예요. 뭐였지? 맞다, 내 誕生日타느죠-비였지, 하면서 겨우 ログイン한 기억이 나네요. 나도 이렇게 覚える오보에루하기 힘든데 다른 사람은 더 모르겠죠. パスワード 관리는 저처럼 徹底的に테스떼-떼끼니 하셔야 해요. 후훗~.

본문 단어 & 문법

わが(와가) 나의　空(소라) 하늘　星(호시) 별　まんが喫茶(마०가끼스사) 만화PC방
部屋(헤야) 방　経験(케-께o) 경험　ログイン (로구이ㄴ) 로그인
暗証番号(아ㄴ쇼-바이고-) 비밀번호　ユーザID(유-자아이디) 유저ID　誕生日(타ㄴ죠-비) 생일
徹底的に(테스떼-떼끼니) 철저하게

마지막으로 **おねがい**부탁 한 가지! 좋은 **画像**가죠-나 **動画**도-가 있다면 일단 무조건 **ダウンロード**하세요. 잘 **保存**했다가 저에게 **おくる**보내다하시면 됩니다. 혼자만 보고 **消去**쇼-꾜해버리면 안 됩니다! 미워할 거에요! 제 **メルアド**메일주소**は** sowadari **アットマーク**@ naver ド ット점 com 입니다. **電子**덴시**メール**이메일로 감사인사 드릴게요.

아차! **ウイルス**우이루스 검사 철저히 하시고요. **圧縮**아스슈꾸해서 **添付**테ㅁ뿌해주세요. 제가 알아서 **解凍**카이또-해서 볼 게요. 하지만 **迷惑**메-와꾸**メール**스팸메일는 사절하겠습니다!

07 **消去** 삭제
08 **メルアド** 메일주소
09 **ウイルス** 바이러스
10 **迷惑** 민폐

본문 단어 & 문법

画像(가죠-) 그림 **動画**(도-가) 동영상 **アットマーク**(아ㅅ또마-꾸) @, 골뱅이
圧縮(아ㅅ슈꾸) 압축 **添付**(테ㅁ뿌) 첨부 **解凍**(카이또-) 해동, 압축 풀기

205

この単語コノタンゴ、覚えてオボエテいますかイマスカ?

이 단어, 기억하고 있습니까?

컴퓨터・	・迷惑メール・	・ほぞん
인터넷・	・パソコン・	・めるあど
접속・	・メルアド・	・ねっと
노트북・	・保存・	・ういるす
다운되다・	・固まる・	・めいわくめーる
저장・	・消去・	・しょうきょ
삭제・	・ウイルス・	・ぱそこん
메일주소・	・ネット・	・のーとぱそこん
바이러스・	・アクセス・	・かたまる
스팸메일・	・ノートパソコン・	・あくせす

CHAPTER 031

목욕을 오후로 합니다 하이리마쓰
お風呂に 入ります

하루에 딱 10단어!

word preview 031

01 오후로 **お風呂** 목욕
02 세ㄴ또- **銭湯** 공중목욕탕
03 세ㄱ께ㅇ **せっけん** 비누
04 오유 **お湯** 더운물
05 오ㄴ세ㅇ **温泉** 온천
06 하미가끼 **歯みがき** 치약
07 카미소리 **カミソリ** 면도기
08 하부라시 **歯ブラシ** 칫솔(-brush)
09 바스 **バス** 욕실(bath)
10 샤와- **シャワー** 샤워(shower)

CHAPTER 031

목욕을 오후로니 합니다 하이리마쓰
お風呂に 入ります

01 お風呂 목욕

02 銭湯 공중목욕탕

日本の 人々히또비또は、お風呂오후로 정말 좋아하죠. 우리나라のように처럼 동네마다 銭湯세ㄴ또ー が あります. 근데 우리나라の 銭湯は 朝일찍 열고 ゆうぐれ초저녁면 닫잖아요? 일본の 銭湯은 점심시간 過ぎる지나다해서 문을 열고 夜요루遅く오소꾸 문을 닫아요. 하루の しごと일을 마친 人々가 晩바o ごはんを 食べて 느긋하게 몸을 씻으러 来る하기 때문이죠.

본문 단어 & 문법

人々(히또비또) 사람들 朝(아사) 아침 過ぎる(스기루) 지나다 夜(요루) 밤
遅い(오소이) 늦다 晩(바o) 밤 来る(쿠루) 오다

그런데 이상한 점은 **あか**때밀이**すり**밀이를 하는 **人**사람 없고 **せっけん**비누으로 대충 몸을 씻은 다음에 **お湯**더운물에 몸을 푹 담그고 그냥 쉬다가 간다는 **ことです**. 그게 **日本**의 목욕 **文化**부ㅇ까**です**. 몸을 씻기보다는 **疲れ**츠까레를 푸는 개념**と 言うかな? たまに**는때로는 등에 커다란 **竜**류- 모양**の いれずみ**문신가 있는 짧은 머리 아저씨들이 오시기도 하는데요, 그럼 **みず**물**あそび**장난치던 동네 **子供たち**아이들**も 静**시즈까해 진답니다.

규모**の**가 **大きい**크다한 **銭湯や** 고급 **温泉**오ㄴ세ㄴ**には タオルは もち ろん**물론 **石鹸**세ㄱ께ㅇ**, シャンプー, リンス, はみがき**치약가 기본으로 **用 意**요-이되어 있어서 **手**테**ぶら**빈손로 가도 됩니다.

カミソリ면도기**とか**라든가 **はブラシ**칫솔 같은 **使い捨て**츠까이스떼**도 かつ てに**맘대로 써도 **いいです. 私**는 잔뜩 챙겨다가 집で 쓰고 친구**にも** 나눠주고 그랬답니다.

03 石鹸 비누
04 お湯 더운물
05 温泉 온천
06 歯磨き 치약
07 剃刀 면도기
08 歯ブラシ 칫솔

본문 단어 & 문법

お湯 (오유) 온수　文化 (부ㅇ까) 문화　疲れ (츠까레) 피곤　竜 (류-) 용
子供 (코도모) 아이　静かだ (시즈까다) 조용하다　用意 (요-이) 준비
使い捨て (츠까이스떼) 일회용　使う (츠까우) 쓰다　捨てる (스떼루) 버리다

209

09 バス 욕실

ホテルや モテルに 딸린 バス욕실는 주로 組み立て式쿠미타테시끼로 되어있고 욕조가 아주 せまい좁다해요. 한 사람 들어가서 발 뻗기도 힘들어요. 주의할 ことは バスの 底소꼬에 배수구が ないので없어서 욕조에 シャワーカーテン을 閉める닫다하고 洗う아라우해야 한다는 것이지요. 韓国のように 욕조에 水 받아 놓고 물 퍼서 막 끼얹으면 困ります곤란합니다. また 여행객이 많다보니 ドライヤー로 옷 말리지 말라는 경고도 자랑스런 한글로 붙어 있어요.

흑흑... みなさん 제발 자제합시다!

본문 단어 & 문법

組み立てる(쿠미따떼루) 조립하다　式(시끼) 식　底(소꼬) 바닥　閉める(시메루) 닫다
カーテン(카-뗀이) 커튼　洗う(아라우) 씻다　水(미즈) 물　困る(코마루) 곤란하다
また(마따) 또　ドライヤー(도라이야-) 드라이어　皆さん(미나사이) 여러분

일본 집은 보통 **トイレ**와 **バス**가 **別々**(베쯔베쯔)로 되어 있답니다. 목욕 방법은 **銭湯**와 **同じ**입니다. **まず**(우선) **石鹸**(세ㄱ께ㄴ)으로 몸을 구석구석 **あらって**(씻고) 욕조에 **はいります**(들어갑니다). 그리고 목욕을 **おえる**(끝내다 해)도 물을 **すてる**(버리다)하지 않고 **次の**(다음) **人**가 **入って**(들어가서) 또 몸을 담가요. 주로 아이들이나 **女性**가 먼저 들어가고 **男**는 나중에 **入る**(들어간)다 **そうです**. **昔は** **男**가 먼저 들어가고 **女**는 때가 둥둥 뜬 물에 몸을 담갔다고 하네요. 세상 참 **よくなりましたね**(좋아졌죠)?

집에 **バス**가 **つく**(딸리다 해) 있으면 그게 **いちばん**이지만, 작은 싸구려 **アパート**에는 **シャワー**(샤워시설)가 없는 **場合**도 **あります**. 그럼 아파트 **近く**(근처)에 **ある**(있는) **銭湯とか**(나) **コインシャワー**(코인샤워)를 이용해야 한답니다. **コイン**(동전) 넣고 물이 언제 끊길지 모르는 공포**の** **中**で **シャワーを**(샤워를) **あびる**(끼얹다) 해야 한다니 조금 무섭겠군요.

일본살이 정말 팍팍합니다.

[10]シャワー 샤워

コインシャワー

본문 단어 & 문법

別々(베쯔베쯔) 따로따로　次(츠기) 다음　~そうです(소-데스) ~라고 합니다
アパート(아빠-또) 임대주택　近く(치까꾸) 근처

この単語 コノタンゴ、覚えて オボエテ いますか イマスカ？
이 단어, 기억하고 있습니까?

목욕・	・お湯・	・ばす
공중목욕탕・	・お風呂・	・おんせん
비누・	・歯ブラシ・	・はみがき
더운물・	・温泉・	・おゆ
온천・	・石鹸・	・せんとう
치약・	・銭湯・	・しゃわー
면도기・	・バス・	・おふろ
칫솔・	・剃刀・	・せっけん
욕실・	・シャワー・	・はぶらし
샤워・	・歯みがき・	・かみそり

CHAPTER 032

일본에는 니호니와 아파트가 아빠-또가 없다 나이
日本には アパートが ない

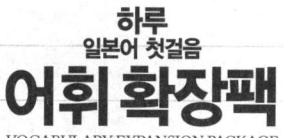

하루에 딱 10단어!

word preview 032

01 아빠-또 **アパート** 임대주택(apartment)
02 다ㄴ찌 **団地** 아파트단지
03 마ㄴ쇼o **マンション** 맨션(mansion)
04 이ㄱ꼬다떼 **一戸建て** 단독주택
05 타떼루 **建てる** 짓다
06 야찌o **家賃** 집세
07 오-야사o **大家さん** 집주인
08 카시마 **貸間** 셋방
09 후도-사o야 **不動産屋** 부동산 소개소
10 타따미 **畳** 다다미

CHAPTER 032

일본에는니혼니와 아파트가아빠ー또가 없다나이
日本には アパートが ない

일본에도 아파트는 있습니다. ところが하지만 우리가 생각하는 その アパートでは ないです. 일본에 처음 留学류ー가꾸에 行って 집을 얻을 때, アパートと 言って 見に 行く했더니 웬 허름한 ワンルームを 보여주더군요. 日本の アパートは 우리나라로 치자면 원룸과 비슷합니다. ひとり혼자ぐらし살이를 하는 若者와까모노들이 살지요. 映画で 많이 보셨을 거예요. 시설も 열악해서 となりの옆部屋で おなら방귀 뀌는 音まで 들릴 ぐらい로 얇은 壁카베 하나를 사이에 두고 삽니다. それで 夜遅く テレビを 見る 時は ヘッドフォン헤드폰을 써야 하는 곳도 있습니다. 하지만 となりに 어여쁜 女の人가 산다면 彼女の おなら 소리 듣는 ラッキーボーイ행운아가 될 수 있습니다.

01 アパート 임대주택

본문 단어 & 문법

~に行く (니이꾸) ~하러 가다　見に行く (미니이꾸) 보러 가다　ワンルーム (와ㄴ루ー무) 원룸
若者 (와까모노) 젊은이　映画 (에ー가) 영화　部屋 (헤야) 방　音 (오또) 소리　壁 (카베) 벽
夜遅く (요루오소꾸) 밤 늦게　おなら (오나라) 방귀

눈치가 빠른 분은 たぶん(아마) 感じる(칸지루)하셨겠지만, 일본의 도시의 풍경은 우리나라とは 아주 많이 ちがう(다르다)합니다. 뭐가 그리 違う(치가우)할까요? 서울에는 자이とか 푸르지오とか 아파트団地(단찌)가 많지만, 일본では 거의 찾아볼 수가 できません. 그런 대규모 아파트団地를 일본では 団地(단찌)라고 하는데요, 수도권に 한창 인구가 集中(슈-쥬-)되던 ころ(무렵) 주택난 해소를 目的(모꾸떼끼)으로 建てる(짓다)했는데, 団地는 狭い 공간に 部屋를 여러 개 배치한 구조ですが, 도시의 미관을 해친다との 理由で 이제는 짓지 않습니다. 残る(노코루)해 있는 団地も 재개발이니 뭐니 하면서 だんだん(점점) 사라지는 추세고요.

02 団地 아파트단지

본문 단어 & 문법

感じる(칸지루) 느끼다   できない(데끼나이) 할 수 없다   集中(슈-쥬-) 집중   目的(모꾸떼끼) 목적
建てる(타떼루) 짓다   狭い(세마이) 좁다   理由(리유-) 이유   残る(노코루) 남다

03 マンション 맨션

アパートより はるかに 훨씬 고급 住宅(쥬-따꾸)の マンション이라는 것이 あります. マンションは アパートより 훨씬 高い하고 部屋も 여러 개 あるから 財閥(자이바쯔)집 ぼっちゃん(도련님)이나 돈 잘 버는 아빠를 둔 家族(가조꾸)が 住む합니다. 金持ち(카네모찌) 동네로 有名な 東京の 代官山(다이카ㅇ야마)라는 ところ(곳)에는 이런 高級な マンション이 즐비하지요.

04 一戸建て 단독주택

단독주택을 일본어で 一戸建て(이ㄱ코다떼)라고 いいますが, 日本人의 ロマンは 庭付き(니와쯔끼)の 一戸建てだそうです. 그래서 조금만 형편이 되면 銀行에서 融資(유-시)를 얻어 땅값이 安い 郊外(코-가이)に 一戸建て

05 建てる 짓다

를 建てる(타떼루)합니다. 대신 電車に 乗る해서 한두 시간 통근을 하는 것은 覚悟(가꾸고)해야죠. 일본에서 マイホーム를 가졌다는 것은 엄청난 借金(샤ㄱ끼ㄴ)が あるという 意味죠. 저는 貧乏(비모보-)해서 다행이에요~

본문 단어 & 문법

住宅(쥬-따꾸) 주택　財閥(자이바쯔) 재벌　住む(스무) 살다　高級(코-뀨-) 고급
金持ち(카네모찌) 부자　庭付き(니와쯔끼) 정원 딸림　ロマン(로마ㅇ) 로망　銀行(기ㅇ꼬-) 은행
融資(유-시) 융자　郊外(코-가이) 교외　乗る(노루) 타다　覚悟(카꾸고) 각오
借金(샤ㄱ끼ㄴ) 빚　貧乏(비모보-) 가난함

일본**には** 전세라는 **概念**카이네ㅇ이 없기 때문에 **家**이에를 **買う**하든 가, 아니면 다달이 **家賃**야찌ㅇ을 내고 **貸間暮らし**카시마구라시를 해야 합니다. **部屋**를 **借りる**할 때 먼저 서너 달치 **家賃**에 해당하는 **お金**를 **敷金**시끼끼ㅇ으로 내는데, 보증금이라고 보시면 되겠네요. 거기에 **礼金**레-끼ㅇ이라고 해서 집을 빌려주어서 **ありがとうございます**하다는 뜻으로 **大家さん**오-야사ㅇ에게 한 달치 **家賃**에 해당하는 **お金**를 더 주고요. 집을 **紹介**쇼-까이해준 **不動産屋**후도-사ㅇ야에게도 **手数料**테스-료- 명목으로 역시 한 달치 **家賃**를 주어야 합니다.

⁰⁶**家賃** 집세

⁰⁷**大家さん** 집주인

그런데 일본에서 **貸間**카시마를 구하려면 **お金も**돈도 **お金ですが**돈이지만 **保証人**호쇼-니ㅇ이 필요한 **場合**가 있어요. 주로 **家族**가 **保証人**으로 나서 주는데 **家族**은커녕 **知り合い**시리아이 하나 제대로 없는 **留学生なら** 정말 **困る**하겠지요. 그런 사정을 **悪用**아꾸요-해서 **6ヶ月**로ㄱ까게쯔나 **1年分**이찌네ㅁ분**の 家賃**을 한꺼번에 받고 집을 빌려주는 임대업자**も** **います**.

⁰⁸**貸間** 셋방

아, 일본의 인심**は 本当に**호ㄴ또-니 팍팍**ですね**.

본문 단어 & 문법

概念(가이네ㅇ) 개념　**家**(이에) 집　**貸間暮らし**(카시마구라시) 셋방살이　**借りる**(카리루) 빌리다
不動産屋(후도-사ㅇ야) 복덕방　**手数料**(테스-료-) 수수료　**保証人**(호쇼-니ㅇ) 보증인
知り合い(시리아이) 아는 사람　**留学生**(류-가꾸세-) 유학생　**悪用**(아꾸요-) 악용
本当に(호ㄴ또-니) 정말로

09 不動産屋 복덕방

10 畳 다다미

不動産屋에 가보면 **家**의 **広さ**히로사와 구조를 벽면 **いっぱい**가득 써 붙여놓았는데, **部屋**의 넓이는 **畳**타따미 몇 장으로 되어 **いるか**있는가で로 **表す**아라와스해요. **畳**타따미를 셀 때는 **帖**죠-라는 단위를 쓰는데 한 **帖**죠-는 **横**요꼬 90センチメートル, **縦**타테 180センチメートル입니다. 딱 **一人**히또리 누울 수 있는 **空間**쿠-까ㄴ으로, 반 **帖**죠-는 한 사람 **すわる**앉다할 수 있는 **空間**입니다. たとえば예를 들어 **四帖半**요죠-하ㅇ이라면 **畳**타따미 넉 장 반으로 **部屋**를 **作る**츠꾸루한 것이죠. **机**츠꾸에 놓고 **ダンス**옷장 놓고 **一人**한 사람 누우면 꽉 차요.

본문 단어 & 문법

広さ (히로사) 넓이   表す (아라와스) 나타내다   横 (요꼬) 가로   縦 (타떼) 세로
空間 (쿠-까이) 공간   作る (츠꾸루) 만들다   机 (츠꾸에) 책상   一人 (히또리) 한 사람

そして よく 見える하는 것이 2LDK니 1DK니 하는 건데요. L은 リビングルーム거실, D는 ダイニングルーム식당, K는 キッチン부엌을 말해요. 2LDKと 言うのは하는 것은 部屋 2개와 リビングルーム, ダイニングルーム, キッチン이 있는 집이란 意味이죠. 日本で この ぐらい정도면 규모가 꽤 大きい 家에요. 貧乏비ㅁ보-な 留学生は 고작해야 1K인데 말이죠. 1K는 部屋 하나에 キッチン이 딸린 집이 아니라, 部屋の 中に 流し台나가시다이가 ある 형태입니다.

まったく으이구, トイレも화장실도 ないんだと없다구!

본문 단어 & 문법

よく(요꾸) 잘, 자주   見える(미에루) 보이다   流し台(나가시다이) 싱크대

この単語、覚えていますか?
이 단어, 기억하고 있습니까?

임대주택 •	• 一戸建て	• だんち
아파트단지 •	• 大家さん	• おおやさん
맨션 •	• 貸間	• ふどうさんや
단독주택 •	• 団地	• まんしょん
짓다 •	• 家賃	• いっこだて
집세 •	• 畳	• やちん
집주인 •	• アパート	• たてる
셋방 •	• 建てる	• たたみ
부동산 소개소 •	• マンション	• かしま
다다미 •	• 不動産屋	• あぱーと

CHAPTER 033

김이라고 키무또 합니다 모-시마쓰
金と申します

하루에 딱 10단어!

하루 일본어 첫걸음
어휘 확장팩
VOCABULARY EXPANSION PACKAGE

word preview 033

01 나마에 **名前** 이름
02 묘-지 **名字** 성씨
03 요부 **よぶ** 부르다
04 시 **氏** 씨, 남자의 성명 뒤에 붙는 존칭
05 메-시 **名刺** 명함
06 사ㅇ **さん** 성씨 뒤에 붙이는 존칭
07 시리아이 **知り合い** 아는 사이, 지인
08 쨔ㅇ **ちゃん** 아이나 여자 친구 이름 뒤에 붙이는 호칭
09 꾸ㅇ **君** 연하의 사람 성 뒤에 붙이는 호칭

CHAPTER 033

김이라고 키무또 합니다 모-시마쓰
金と申します

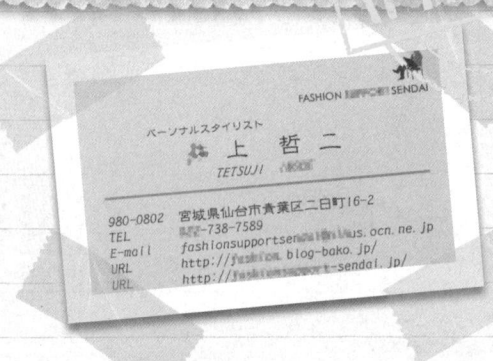

01 名前 이름 　김 씨가 한둘이야? **名前** 나마에**を** 대라고!

　　　　　　はい. そうです. **日本**には 김씨가 한둘です. **名前**는 의외로 **単純**
　　　　　　타시쥬**なので** 해서 의미가 **あまり** 그다지 **ありません**. 보통 첫째 아들이면
　　　　　　太郎 타로-, 둘째 아들이면 **次郎** 지로-, 셋째면 **三朗** 사부로-, 의로운 남자가
　　　　　　되거라 **義男** 요시오, 강하게 자라거라 **剛** 츠요시처럼 짓고요, **女の子なら**
　　　　　　子 코를 붙여서 **春** 봄에 **うまれる** 태어나다 한 아이 **春子** 하루꼬, **雪** 눈처럼 깨끗
　　　　　　하다 하여 **雪子** 유끼꼬, **ゆり** 백합처럼 예쁜 아이 **百合子** 유리꼬**のように** 짓
　　　　　　는 **場合**が 많습니다. **それで** 그래서 **同じ** 같은 **名前**を 가진 **人**가 아주 많아
　　　　　　요. 그럼 **どう** 어떻게 사람을 구분하냐고요?

본문 단어 & 문법

　　　　名前(나마에) 이름　**単純**(타시쥬) 단순　**春**(하루) 봄　**雪**(유끼) 눈
　　　　同じ(오나지) 같음, 마찬가지임

224

일본には 아주 많은 名字묘-지가 あります. およそ약 30만 개의 名字성씨が あるそうです있다고 합니다. これは 30만 명이 모이면 名字가 다 다르다는 意味です. 그래서 일본では 다른 사람을 呼ぶ요부할 때 주로 名字를 부릅니다. 사무실에 百人햐꾸니ㅣ 있어도 名字가 전부 それぞれ각각이라 名字성씨だけ만でも으로도 구분이 可能카노-하니까요. 우리나라 같으면 とんでもない어림도 없는 こと일입니다. 十人쥬-니ㅣ만 모여도 김이박최정강윤장임조 氏시가 두세 명씩 いる하기 때문에 ただ단지 김 씨 と いえば どこの에디 김 씨를 いうのか말하는 건지 알 수가 없겠죠.

　名字が 많은 만큼 読み方요미카타も それぞれ라, 漢字만 써 있으면 それを どう 読めば いいのか되는지 알 수 가 없답니다. で그래서 日本人の 名刺메-시には 漢字の 上に ひらがなで 토를 달아 놨답니다. 그걸 ふりがな토라고 합니다. 만약 ふりがなが 없을 때는 'この 字지は どう 読みますか?'라고 물어봐도 あまり 失礼시쯔레では ありません. 오히려 나중에 勝手に카스떼니 人の 名前を 틀리게 読む읽는 のが것이 더 큰 失礼ですよ.

02 名字 성씨
03 呼ぶ 부르다
04 氏 씨
05 名刺 명함

본문 단어 & 문법

百人(햐꾸니ㅣ) 백 명　可能(카노-) 가능　十人(쥬-니ㅣ) 열 명　読み方(요미까따) 읽는 법
漢字(칸지) 한자　字(지) 글자　勝手に(카스떼니) 멋대로

225

08 さん 존칭

人を 呼ぶ 時は '山田야마다さん' 처럼 뒤에 さん을 붙이면 아주 丁寧테-네-な 표현に なります. 韓国では '김 씨' 이러면 싸움날 일이죠우가ね이지만요. 일본の さんには 존경の 의미が あります. ところが하지만 名字성씨に 名前이름まで 붙여서 フールネームで 부르면 丁寧한 게 아니라 かたい딱딱하다해집니다. 만약 会社카이샤の 상사に '김성팔 씨, 잠깐 나 좀 볼까?'と 말을 言われる누군가 말하다하면 뭔가 始末書시마쯔쇼を 써야 하는 雰囲気후ㅇㅇ이끼잖아요. 공식적인 席세끼では フールネーム으로 부르되, 극존칭인 さま님를 붙입니다. 그럼 아주아주 丁寧な 表現효-게に なります. 이제 욘さま가 일본で 어떤 位置이찌か인지 대충 아시겠지요?

韓国の한국에서 오신 김성팔さま님 でございますね되시죠?

본문 단어 & 문법

丁寧(테-네-) 정중함 会社(카이샤) 회사 始末書(시마쯔쇼) 시말서 雰囲気(후ㅇㅇ이끼) 분위기
席(세끼) 자리 表現(효-게-) 표현 位置(이찌) 위치

割りに와리니 가까운 間아이다と 할 수 있는 学校가ㄱ꼬-나 会社の 同僚도-료-끼리는 さん을 빼고 名字だけ만 呼んでも いいです. しかし그러나 여자가 남자를 부를 時は 꼭 さん을 붙이더군요. 変헤ㄴでしょう.

친한 友人유-지o や 家族は 名前だけ 呼んでも いいです. 근데 정말 사적으로 したしい친하다야 해요. 知り合い시리아이でも라도 名前을 부르면 큰 失礼시쯔레-입니다. 친구 사이에서 남자가 여자를 부를 때는 名前의 뒤에 ちゃん쨔ㅇ을 붙여 親しみ시따시미を 나타냅니다. 友達토모다찌여도 女の人가 男の人를 부를 때는 이름을 부르지 않고 名字에 君쿠ㅇ을 붙입니다. 여자가 남자 이름을 直接쵸꾸세쯔 부르는 것은 거의 보지 못했어요.

面白い재미있는 のは것은 우리나라では 先生세ㄴ세-が 男子다ㄴ시学生가꾸세-には ~군, 女子죠시学生가꾸세-には ~양 하지만 일본では 女子学生にも 君이라고 부른다는 겁니다. 정말 이상하죠?

親오야が 子供코도모の 名前을 부를 때도 ちゃん을 붙이곤 해요. 発音처럼 귀엽잖아요.

あゆみ ちゃん아유미쨩, 今日오늘 スタイル스타일 いいな좋은데.

田村君も타무라군도 格好いいね멋있어.

07 知り合い 아는 사람

08 ちゃん 친근한 호칭

09 君 군

본문 단어 & 문법

割りに (와리니) 비교적   間 (아이다) 사이   同僚 (도-료-) 동료   変 (헤ㄴ) 이상함
親しみ (시따시미) 친근함   男子学生 (다ㄴ시가꾸세-) 남학생   親 (오야) 부모
子供 (코도모) 자식, 아이

この単語、覚えていますか?
이 단어, 기억하고 있습니까?

이름 •	• 名刺 •	• みょうじ
성씨 •	• 知り合い •	• し
부르다 •	• ちゃん •	• よぶ
씨, 존칭 •	• 氏 •	• めいし
명함 •	• 名字 •	• なまえ
존칭 •	• 名前 •	• ちゃん
아는 사이 •	• さん •	• くん
쨩 •	• 君 •	• しりあい
군 •	• 呼ぶ •	• さん

CHAPTER 034

가족은 고까조꾸와 몇 분이세요? 나ㄴ니ㄴ데스까
ご家族は 何人ですか

하루에 딱 10단어!

하루 일본어 첫걸음
어휘 확장팩
VOCABULARY EXPANSION PACKAGE

word preview 034

01 카조꾸 **家族** 가족
02 료―시o **両親** 양친, 부모님
03 고슈지o **ご主人** 남의 남편
04 오꾸사o **奥さん** 남의 부인
05 오꼬사o **お子さん** 남의 자녀
06 오까―사o **お母さん** 어머니
07 오또―사o **お父さん** 아버지
08 오네―사o **お姉さん** 누나, 언니
09 오니―사o **お兄さん** 형, 오빠
10 오또―또 **弟** 남동생
11 이모―또 **妹** 여동생

CHAPTER 034

가족은 고까조꾸와 몇 분이세요? 나ㄴ니ㄴ데스까
ご家族は 何人ですか

01 家族 가족

일본 사람は 자기の 家族카조꾸를 다른 人に 紹介쇼-까이할 때는 약간 낮추고요, 人남の 家族을 말할 때는 丁寧に테-네-니 높임말을 使우츠까우합니다. たとえば가령 내 가족は ただ그냥 家族이라고 하고 남의 가족은 ご家族, 내 부모는 그냥 両親료-신と 하는데 人남の 부모는 ご両親と 言います. 同じように 내 남편은 主人슈진이라고 하지만 人の 남편は ご主人이라고 합니다. 일본어는 ご를 붙이면 정중한 言葉코토바가 되거든요.

02 ご両親 양친

03 ご主人 바깥분

본문 단어 & 문법

人(히또) 사람, 남　紹介(쇼-까이) 소개　使う(츠까우) 쓰다, 사용하다
同じように(오나지요-니) 마찬가지로　言葉(코토바) 말

時には 호칭이 すっかり완전히 바뀌는 ことㅇ도 있답니다. 내 아내는 妻츠마라고 하고 人の 부인은 奥さん오꾸사ㅇ이라고 합니다. 내 아들은 むすこ, 내 딸은 むすめ, 내 자식은 子供코도모나 せがれ자녀라고 하고, 남의 자녀는 お子さん자녀분이라고 하는데 남의 아들은 むすこさん아드님, 남의 딸은 むすめさん따님 또는 お嬢さん오죠-사ㅇ이라고 합니다. 명사 앞에 お나 ご를 붙이면 높임말이 되는데, 和語와고에는 お, 漢語카ㅇ고에는 ご를 붙입니다.

[04] 奥さん 부인
[05] お子さん 자녀분

ご家族は가족은 何人몇 분 ですか되세요?

私と저와 妻처, むすこ아들놈, 三人家族です세 식구입니다.

본문 단어 & 문법

妻(츠마) 처   むすこ(무스꼬) 아들   むすめ(무스메) 딸   お嬢さん(오죠-사이) 따님
和語(와고) 일본 고유어   漢語(카ㅇ고) 한자어

우리도 おさない어리다할 時は 엄마, 조금 철이 들면 어머니, 더 と
し나이를 먹으면 어머님と 言いますが 일본も それは 마찬가지です.
⁰⁶お母さん 어머니　ママ라고 하다가 母하하가 되고, その그 次는 お母さん오까-사ㅇ이 되지
⁰⁷お父さん 아버지　요. 아빠는 パパ, 父치찌, お父さん오또-사ㅇ이 됩니다. 일부 버릇없는 아
이들은 자기 부모를 격 없이 부를 때 아버지를 おやじ영감, 어머니를
おふくろ아줌마라고 부르기도 한답니다. 時代劇지다이게끼를 보면 母上하
하우에나 父上치찌우에도 나오는데 요즘에는 이런 말은 쓰지 않아요.

할머니는 おばあさん, 할아버지는 おじいさん이라고 하는데, 설
이나 추석에 어린 孫마고들은 おばあちゃん, おじいちゃん이라고 부르
면서 할머니 할아버지 품으로 파고들지요. 용돈 달라고.

본문 단어 & 문법

母(하하) 엄마　次(츠기) 다음　父(치찌) 아빠　時代劇(지다이게끼) 시대극, 사극
母上(하하우에) 어마마마　父上(치찌우에) 아바마마　孫(마고) 손자

나より としうえ연상の 여자형제는 お姉さん오네-사ㅇ이나 조금 친근하게 姉ちゃん네-쨔ㅇ이라고 하고요, 남자형제면 お兄さん오니-상, 또는 兄ちゃん니-쨔ㅇ이라고 합니다. 年下토시시따の 남동생は 弟오또-또 여동생は 妹이모-또고요.

08 お姉さん 누나
09 お兄さん 형
10 弟 남동생
11 妹 여동생

식당 같은 곳에서 종업원을 부를 때 쓰는 말 있죠? '이모'라든가 '언니'라든가. 물론 일본에도 그런 말이 있습니다. 姉さん아네사ㅇ은 우리말로 언니나 이모と 할 수 있고요, 兄さん아니사ㅇ은 총각? 오빠?

잘 아는 사이에서 누님이나 형님に あたる해당하다하는 사람을 친근하게 あねご누님, あにき형님이라고 하는데, 폭력단의 두목을 지칭할 때 쓰기도 하지요.

あにき형님임.

본문 단어 & 문법

年下(토시시따) 연하

この単語、覚えていますか？
<small>코노타○고　오보에떼　이마스까</small>

이 단어, 기억하고 있습니까?

가족 •	• ご主人	• おとうと
부모님 •	• お父さん	• おかあさん
남의 남편 •	• お姉さん	• りょうしん
남의 부인 •	• お母さん	• ごしゅじん
남의 자녀 •	• 家族	• かぞく
어머니	• お兄さん	• おにいさん
아버지 •	• 弟 •	• おくさん
누나, 언니 •	• 両親	• いもうと
형, 오빠 •	• 奥さん •	• おこさん
남동생 •	• お子さん •	• おとうさん
여동생 •	• 妹	• おねえさん

CHAPTER 035

나 와따시 너 아나따 그리고 소시떼 우리 와따시따찌
私 あなた そして 私たち

하루에 딱 10단어!

word preview 035

01 와따시 **わたし** 저
02 보꾸 **ぼく** 나
03 오레 **おれ** 나
04 아나따 **あなた** 당신
05 키미 **きみ** 그대
06 오마에 **おまえ** 너
07 카레 **彼** 그
08 카노죠 **彼女** 그녀
09 와따시따찌 **私たち** 우리들
10 카레라 **彼ら** 그들

CHAPTER 035

나와따시 너아나따 그리고소시떼 우리와따시따찌
私 あなた そして 私たち

'나'와 '너'를 表す아라와스하는 말은 모든 会話카이와의 중심이 되니까 잘 알아두셔야 해요. 種類슈루이가 꽤 많답니다. 나를 정중하게 말할 때는 わたくし라고 합니다. 우리말로는 '저'と 할 수 있겠네요. 일본어를 공부했다면 누구나 다 아는 わたし는 どんな어떤 席세끼에서나 使える츠까에루한 일반적이고 공손한 表現효-게ㄴ입니다. 할아버지들은 わたし를 わし라고도 합니다. このごろ요즘는 こんな이런 말은 ドラマ에서나 가끔 나와요. 잘 아는 회사 上司죠-시나 학교 先輩세ㅁ빠이라면 ぼく도 즐겨 씁니다. 그리고 조금 건방져보이는 おれ는 自分지분보다 地位치이가 낮거나 아주 親しい시따시-한 間아이다에서 씁니다.

01 私 나
02 僕 나
03 俺 나

여자들은 わたし를 あたし라고 약간 혀 짧은 발음을 하기도 합니다. 아유~ 기여워라~

본문 단어 & 문법

表す(아라와스) 나타내다　会話(카이와) 대화　使える(츠까에루) 쓸 수 있다　上司(죠-시) 상사
先輩(세ㅁ빠이) 선배　自分(지분) 자기　地位(치이) 지위　親しい(시따시-) 친하다　間(아이다) 사이

당신, 그러니까 2인칭 대명사는 **会話**에서는 **あまり**그다지 쓰이지 않아요. 대면하고 있는 상황**で** 쓰기 때문에 거의 생략하는 **場合**바아이**が 多いです**. 가장 흔하게 쓰이는 게 **あなた**인데, 우리말로 하지면 **04貴方** 당신
당신이 **ぴったり**딱**입니다**. 정중한 표현**でも**이기도 **ありますが**하지만, 잘못 쓰면 **けんか**싸움 나거든요.

격이 없는 사이라면 **君**키미라고 합니다. 1인칭 **ぼく**에 대응하는 **05君** 그대
言葉코토바**です**. 주로 어른들이 **自分より 年下**토시시따**の 人**을 부를 때 씁니다.

친구**同士**도-시**なら おまえ**라고 부릅니다. 이건 그야말로 '너'입니 **06お前** 너
다. **おれ**에 대응하는 **言葉です**. **必ず**카나라즈 잘 아는 친구나 **自分より** 어린 **人に** 쓰세요.

お前너, **殺してやるぞ**죽여줄테다.

본문 단어 & 문법

場合(바아이) 경우 **多い**(오-이) 많다 **言葉**(코토바) 말 **同士**(도-시) 끼리
必ず(카나라즈) 반드시 **殺す**(코로스) 죽이다 **~てやる**(떼야루) ~해주다

08彼 그 남자

08彼女 그 여자

次は 3인칭을 나타내는 **彼**카레와 **彼女**카노죠입니다. 우리나라**では 別**베쯔**に** 쓰지 않지만 일본어에서는 **よく 使います**. **男**오또꼬는 남자를 나타내는 평범한 말인데, **女**오나는 여자를 얕잡아 부르는 뉘앙스가 있습니다. '**この男**' 하면 **ただ**그냥 '이 남자'인데, '**この女**' 하면 '이 년'이라는 욕이 됩니다. **ですから**그러니까 여성을 표현할 때는 **女の人**오나노히또**とか**라든가, **女の方**오나노카타, **女性**죠세-라고 해야 올바른 **表現**효-겐**に なります**.

본문 단어 & 문법

別に(베쯔니) 별로 **よく**(요꾸) 잘, 자주 **使う**(츠까우) 쓰다 **女の人**(오나노히또) 여자
女の方(오나노까따) 여자분 **女性**(죠세-) 여성

私와따시와 あなた당신가 있으면 私たち저희가 되고, ぼく나와 きみ너 가 있으면 ぼくたち우리들가 되고, おれ나와 おまえ너가 있으면 おれたち우리가 됩니다. 同じように마찬가지로 あなたたち당신들, きみたち너희들, おまえたち네놈들이 됩니다.

09 私たち 우리들

彼女카노죠와 彼女가 모이면 彼女たち그녀들가 됩니다. 그럼 彼카레와 彼가 모이면 彼たち가 될까요? 彼는 예외적으로 たち가 아닌 ら를 붙여서 彼ら그들가 됩니다.

10 彼ら 그들

子供코도모가 모이면 子供たち가 되고요. 참고로 친구를 나타내는 단어인 友だち토모다찌를 봅시다. 一人で혼자서 친구가 될 수는 없겠죠? 이미 二人후따리가 모여 서로 友토모가 되었으니 친구는 もともと원래부터 복수형인 友だち입니다.

본문 단어 & 문법

友(토모) 벗

この単語コノタンゴ、覚えてオボエテいますかイマスか？
이 단어, 기억하고 있습니까?

저·	·私·	·おまえ
나·	·彼女·	·ぼく
당신·	·貴方·	·わたし
그대·	·彼ら·	·きみ
나·	·僕·	·かのじょ
너·	·彼·	·おれ
그·	·俺·	·わたしたち
그녀·	·君·	·かれら
우리들·	·お前·	·あなた
그들·	·私達·	·かれ

CHAPTER 036

나오레 너오마에노꼬또 좋아해!스끼
おれ お前のこと 好き

하루 일본어 첫걸음
어휘 확장팩
VOCABULARY EXPANSION PACKAGE

하루에 딱 10단어!

word preview 036

01 아이 **愛** 사랑
02 코이 **恋** 남녀의 사랑
03 레ㅇ아이 **恋愛** 연애
04 카따오모이 **片想い** 짝사랑
05 코꾸하꾸 **告白** 고백
06 시쯔레ㅇ **失恋** 실연
07 후라레루 **ふられる** 차이다. 퇴짜맞다
08 카레시 **彼氏** 남의 남자 애인
09 츠끼아우 **付き合う** 사귀다
10 우와끼 **浮気** 바람
11 모또카레 **もとかれ** 전 남친
12 하쯔꼬이 **初恋** 첫사랑
13 바쯔이찌 **ばついち** 돌싱

CHAPTER 036

나오레 너오마에노꼬또 좋아해!스끼
おれ お前のこと 好き

01 愛 사랑

사랑에는 **愛**아이와 **恋**코이 이렇게 두 가지가 있어요. 愛는 넓은 의미의 사랑이에요. **男と 女の 사랑は もちろん 親**오야**と 子**코**の** 사랑, **神様**카미사마**에** 대한 사랑 등등 **すべての**모든 종류의 **사랑が** 바로 **愛**입니다. 그중**で** 남녀 간에 생기는 **恋愛**레ㅇ아이감정**は 恋**코이라고 합니다. 오빠가 여동생을 **愛する**하는 것은 **このましい**바람직하다한 일이지만 **恋する**하면 **犯罪**하ㄴ자이가 된다, 이 말입니다.

02 恋 사랑(연애감정)

03 恋愛 연애

愛してます사랑합니다!

본문 단어 & 문법

もちろん (모찌로ㅇ) 물론　　親 (오야) 부모　　子 (코) 자식　　神様 (카미사마) 신
恋愛 (레ㅇ아이) 연애　　恋する (코이스루) 사랑하다　　犯罪 (하ㄴ자이) 범죄

여러분은 恋人코이비또 있으신가요? 저는 この 年토시に なるまで 恋愛레ㅇ아이 한번 제대로 した한 ことが적이 ありません. 그래도 片想이카타오모이에는 전문가です. 片카타는 한쪽, 想이오모이는 想우그리워하다에서 왔어요. 여러분도 片想이 때문에 혼자 고민하지 마시고 友達토모다찌に 털어놓으세요. すぐに금세 인터넷 검색순위에 올라갈 테니까요. 私は 용기が なくて 마음을 知らせる알리다하지도 못했지만 皆さん미나상は 과감하게 告白코꾸하꾸해보세요. 失恋시쯔레ㄴ당해도 어차피 본전이잖아요.

04 片思い 짝사랑
05 告白 고백
06 失恋 실연

おれ나, あいちゃんのこと아이짱 好だよ좋아해!
おれと나랑 付き合わない사귀지 않을래?

これからは이제부터 저도 もてる인기 있다한 イケメン이케멘 친구 따라 ごうコン미팅을 나가든가, 얼굴에 철판 깔고 길거리에서 ナンパ헌팅라도 해야겠네요. 한 100번쯤 ふられる퇴짜맞다하면 한 번은 成功세-꼬-하겠지요.

07 ふられる 퇴짜맞다

きのう어제, 街で길에서 ナンパ헌팅されたんだ당했어.

본문 단어 & 문법

恋人(코이비또) 애인   年(토시) 나이   知らせる(시라세루) 알리다   付き合う(츠카아우) 사귀다
イケメン(이께메ㄴ) 잘나가는 남자   合コン(고-꼬ㄴ) 미팅   成功(세-꼬-) 성공
街(마찌) 길거리

08 彼氏 남친

남자친구는 보통 **彼氏**카레시라고 하고 여자친구는 그냥 **彼女**카노죠라고 합니다. 중고등학생들은 **ボーイフレンド**보이프렌드, **ガールフレンド**걸프렌드라고 편하게 부르기도 하고요. **彼氏, 彼女**가 결혼을 생각하고 진지하게 사귀는 듯한 **かんじ**느낌가 들긴 하네요.

彼氏남친 **いる**있어?

彼女여친 **いない**없어?

09 付き合う 사귀다

付き合う츠끼아우하다가 적당한 때가 되면 **プロポーズ**를 하고 **結婚**케ㄱ꼬ㄴ을 해서 아들딸 낳고 잘 먹고 잘 사는 게 순서인데, 가끔 **できちゃった結婚**속도위반 결혼을 하는 일도 **たまたま**종종 있더라고요. **できちゃった**는 **できる**생기다＋**ちゃった**~해버렸다인데, 직역하면 '생겨버렸어'라는 뜻인데요. 뭔지 대충 상상이 가시죠?

본문 단어 & 문법

結婚(케ㄱ꼬이) 결혼

우리나라에서는 **特別**토꾸베쯔な 경우가 아니고서는 **婚約**코ㄴ야꾸를 하는 **人**가 드물지만 일본은 **婚約**를 하는 **カップル**가 꽤 있답니다. **しょせん**어차피 법적으로 구속력も 없는데 왜 하는지 몰라.

어차피 **世の中**요노나까는 **会う**아우 와 **別れる**와까레루의 연속인데 말이지요. 뜨겁게 **恋**코이했다가도 어느 날 갑자기 맘이 변할 수도 있고 **浮気**우와끼 피우다 들켜서 **別れる**헤어지다할 수도 있지 않겠어요? 그러니 이 **単語**타ㅇ고も 도 **ぜひ**꼭 **知っておく**알아두다하세요. **もとカレ**는 헤어진 **彼氏**카레시, 그러니까 '전 남친'이란 뜻인데, 여자인 경우에는 **もとカノ**전 여친라고 하지요. **もと**는 '그전, 옛날, 원래'라는 뜻입니다. '**元大統領**모또다이또-료-'라는 단어가 뉴스에서 많이 나오죠.

지금 **初恋**하쯔꼬이가 진행분인 분들도 **もとカレ**, **もとカノ**를 유용하게 써먹을 날이 어서 오기를 **いのる**기원하다합니다!

おれたち우리, **もう**이제 **会わない**안 만나는 **方**가 **が**편이 **いいと思う**좋을 거같아.

[10] 浮気 바람
[11] 元彼 전 남친
[11] 初恋 첫사랑

본문 단어 & 문법

特別 (토구베쯔) 특별   婚約 (코ㅇ야꾸) 약혼   世の中 (요노나까) 세상   会う (아우) 만나다
別れる (와까레루) 헤어지다   単語 (타ㅇ고) 단어   大統領 (다이또-료-) 대통령

結婚(켁꼬ㅇ)했다가 離婚(리꼬ㅇ)하면 他人(타니ㄴ)이 되어버리죠. 離婚을 하면 호적에 ばってん(엑스표)이 생기는데요. 그래서 이혼 경험이 있는 사람을 속칭 ばついち(돌싱)라고 합니다. ばってん가 いち(하나) 있다는 뜻이죠. 離婚했다고 서류상에 하자가 생긴다니 이거 좀 ひどい(심하다)한 처사 아닌가요?

13 バツイチ 돌싱

참고로 우리나라의 돌싱에 あたる(해당하다)하는 말은 남자는 ばつかれ(이혼남), 여자는 ばつかの(이혼녀)라고 합니다.

なんだ(뭐야), そのュ顔は(표정은)?

くそ(제길), 彼女に(여친한테) 振られちゃった(차였어).

본문 단어 & 문법

離婚(리꼬ㅇ) 이혼   他人(타니ㅇ) 타인   顔(카오) 얼굴, 표정   振られる(후라레루) 차이다, 퇴짜맞다

CHAPTER 037

일본의 니호ㄴ노 정치 세-지
日本の政治

하루에 딱 10단어!

하루 일본어 첫걸음 어휘 확장팩
VOCABULARY EXPANSION PACKAGE

word preview 037

01 테ㄴ노- **天皇** 천황
02 코ㄱ까 **国家** 국가
03 소-리다이지ㅇ **総理大臣** 총리대신
04 쇼- **省** 성(우리나라의 부)
05 쵸- **庁** 청(우리나라의 청)
06 기까이 **議会** 의회
07 기이ㅇ **議員** 의원
08 기이ㄴ나이까꾸세- **議院内閣制** 의원내각제
09 슈-기이ㅇ **衆議院** 중의원(4년제 의회의원)
10 사ㅇ기이ㅇ **参議院** 참의원(6년제 의회의원)

CHAPTER 037

일본의니호ㄴ노 정치세-지
日本の 政治

01 天皇 천황

　옛날 옛적, **いや**아니 1900년도 초반까지만 하더라도 일본은 **天皇**테ㄴ노-가 **統治**토-찌**する** 군주 국가**でした**. **刀**카타나를 찬 **さむらい**가 관직을 맡았고요. 그러던 것이 **第二次**다이니지**世界大戰**세까이타이세ㄴ 패망 이후 **アメリカ**미국**に よって**의해 **天皇**는 실권을 **うしなう**잃다 하고, **外交**가

02 国家 국가

이꼬- 관계에서 **国家**코ㄱ까를 상징하는 **役割り**야꾸와리**だけ**만**を するように** 하도록 **なりました**.

　일본은 **イギリス**영국처럼 **議院内閣制**기이ㄴ나이까꾸세-를 택하고 있기 때문에 **大統領**다이또-료-**が なく 総理**소-리가 **行政部**교-세-부의 수장**の 役**

03 総理大臣 총리대신

割り야꾸와리**を** 합니다. **日本の 総理**총리를 **総理大臣**소-리다이징이라고 하는데, **大臣**다이지ㅇ은 각 행정**機関**키까ㄴㄴ**の** 수장**であり**이고, 우리나라로 치면 장관입니다.

본문 단어 & 문법

統治(토-찌) 통치　刀(카따나) 칼　第二次世界大戰(다이니지세까이타이세이) 제2차세계대전
外交(가이꼬-) 외교　役割り(야꾸와리) 역할　~ようになる(요-니나루) ~하게 되다
議院内閣制(기이ㄴ나이까꾸세-) 의원내각제　大統領(다이또-료-) 대토영
総理(소-리) 비짜다　機関(키까o) 기관

일본은 부를 省쇼-라고 합니다. 省の 下시따には 庁쵸-가 있습니다. ⁰⁴省 성(부)

法務省호-무쇼- 밑에 警察庁케-사쯔쵸-가 있고, 財務省자이무쇼- 밑에 国税 ⁰⁵庁 청(청)
庁코꾸제-쵸-가 있고 農林水産省노-리스이사쇼- 밑에 林野庁리야쵸와 水
産庁스이사쵸-가 있는 식입니다.

그럼, 우리나라의 행정기관과 日本の 省쇼-를 한번 比較히까꾸して
みましょう.

재무성 財務省자이무쇼-(대장성 大蔵省오-꾸라쇼-) : 기획재정부

법무성 法務省호-무쇼- : 법무부

방위성 防衛省보-에-쇼 : 국방부

외무성 外務省가이무쇼- : 외교통상부

문부과학성 文部科学省모ㅁ부까가꾸쇼- : 교육과학기술부

후생노동성 厚生労働省코-세-로-도-쇼- : 보건복지부 + 노동부

농림수산성 農林水産省노-리ㄴ스이사쇼- : 농림수산식품부

국토교통성 国土交通省코꾸도꼬-쯔-쇼- : 국토해양부

본문 단어 & 문법

下(시따) 밑, 아래 法務省(호-무쇼-) 법무성 警察庁(케-사쯔쵸-) 경찰청 財務省(자이무쇼-) 재무성
国税庁(코꾸제-쵸-) 국세청 比較(히까꾸) 비교

06 議会 의회　　　国民코꾸미ㄴが 直接쵸꾸세쯔 투표를 해서 大統領다이또-료-를 뽑는 우
　　　　　　　리나라とは와는 違って치가ㅅ떼 일본의 総理大臣소-리다이징은 議会기까이가
　　　　　　　指名시메-을 합니다. 議会는 우리나라로 치자면 国会국회 정도 됩니다.
07 議員 의회의원　　의회의 議員기이ㄴ은 国民投票토-효-로 선출하고요, 4년제の 衆議院슈-기
08 衆議院 중의원　　이ㄴ과 6년제の 参議院사ㅇ기이ㄴ이 있어서 서로 牽制케ㄴ세-를 하며 政治
09 参議院 참의원　　が 한 쪽으로 傾く카타무꾸하지 않도록 조율한답니다.

본문 단어 & 문법

国民(코꾸미이) 국민　　直接(쵸꾸세쯔) 직접　　違う(치가우) 다르다　　指名(시메-) 지명
国会(코ㄱ까이) 국회　　投票(토-효-) 투표　　牽制(케ㄴ세-) 견제　　政治(세-지) 정치
傾く(카따무꾸) 기울다

日本は ここ지난 60여년間까。 自民党지미ㄴ또-가 執権시ㄱ께ㅇ을 して해 きました왔습니다. 즉, 総理大臣이 自民党자민당 출신이었다는 意味이미で す. しかし 長期쵸-끼執権의 후유증으로 政治家세-지까들의 부정부패가 만연하고 国家코ㄱ까の 살림이 破綻하따ㄴ에 이르자, 裏切り우라기리를 당 했다고 생각한 国民が 民主党미ㄴ슈또- 의원に 대거 表효-를 몰아주었습 니다. その 結果께-까, 당연히 議席기세끼를 많이 차지한 民主党민주당か ら 総理大臣이 나왔고 처음으로 執権党시ㄱ께ㄴ또-가 自民党지미ㄴ또-から 民主党미ㄴ슈또-に 바뀌게 되었습니다.

国民の국민의 政治への정치를 향한 期待は기대는 ますます점점 大きく커 なっています지고 있습니다.

본문 단어 & 문법

間(까이) 간, 동안 執権(시ㄱ께이) 집권 長期(쵸-끼) 장기 政治家(세-지까) 정치인
破綻(하따ㄴ) 파탄 裏切り(우라기리) 배신 表(효-) 표
結果(께-까) 결과 議席(기세끼) 의석 期待(키따이) 기대

この単語、覚えていますか？

이 단어, 기억하고 있습니까?

사랑	恋愛	かたおもい
남녀의 사랑	片想い	こい
연애	恋	もとかれ
짝사랑	告白	こくはく
고백	振られる	ふられる
실연	愛	れんあい
퇴짜맞다	総理大臣	はつこい
남자 애인	付き合う	ばついち
사귀다	初恋	あい
바람	議員	そうりだいじん
전 남친	失恋	つきあう
첫사랑	浮気	ぎいん
돌싱	バツイチ	しつれん
천황	彼氏	うわき
총리대신	天皇	かれし
의원	元彼	てんのう

CHAPTER 038

오늘의쿄-노 사건사고데끼고또
今日の 出来事

하루 일본어 첫걸음
어휘 확장팩
VOCABULARY EXPANSION PACKAGE

하루에 딱 10단어!

word preview 038

01 하ㄴ자이 **犯罪** 범죄
02 지껜ㅇ **事件** 사건
03 지꼬 **事故** 사고
04 히또고로시 **人殺し** 살인자
05 사이반 **裁判** 재판
06 츠미 **罪** 죄
07 스리 **すり** 소매치기
08 도로보- **どろぼう** 도둑
09 오까스 **おかす** (죄를)짓다, 범하다
10 카지 **火事** 화재, 불

CHAPTER 038

오늘의 쿄-노 사건사고 데끼고또
今日の 出来事

賄賂 부정부패 昔나 今나 新聞 시무부ㄴ の 一面 이찌메ㄴ을 장식하는 것은 ヤクザ 야쿠자
記事 기사 의 흉폭한 犯罪 한자이, 政治家 세-지까의 賄賂 와이로나 トップ 芸能人 게-노-

지ㄴ の スキャンダル 記事 기지네요.

본문 단어 & 문법

今(이마) 지금 昔(무까시) 옛날 新聞(시무부ㄴ) 신문 一面(이찌메ㄴ) 일면
犯罪(한자이) 범죄 賄賂(와이로) 뇌물 芸能人(게-노-지ㄴ) 연예인 記事(키지) 기사

犯罪 중에서 가장 こわい무섭다한 것은 やはり 殺人사쯔진事件지께ㄴ 01犯罪 범죄
でしょう. 예전에는 단순히 사람만 殺す코로스하는 殺人사쯔진이 많았 02事件 사건
는데 最近사이끼ㅇ 子供や 女性을 대상と する 誘拐유-까이殺人사쯔진이 03事故 사고
많아지는 것 같아요. 정말 子코 育てる소다떼루하기 힘든 世の中요노나까
에요. 指紋시모ㅇ이나 目撃者모꾸게끼샤 같은 証拠쇼-꼬나 てがかり단서가 ぜ
んぜん전혀 없어서 사건이 미궁에 빠져버리면 被害者히가이샤의 부모 마
음이 얼마나 痛い이따이하겠어요! 誘拐犯유-까이하ㅇ 나빠!

근데 容疑者요-기샤들의 モンタージュ를 보면 하나 같이 다 人殺し 04人殺し 살인자
히또고로시처럼 생겼더군요. 길거리 지나가다가 앗, 저사람 人殺し살인자
아냐? 라고 바로 알아볼 수 있을 것 같아요.

裁判사이반을 받을 때 아무리 誘拐犯유-까이하ㅇ이라 해도 弁護士베ㅇ고 05裁判 재판
시를 쓸 権利케ㄴ리가 있는데 弁護士도 弁護베ㅇ고해주기 싫을 겁니다.
裁判官사이바ㅇ까ㅇ이 判決하ㅇ께쯔를 내리면 人殺しい 誘拐犯 같은 犯人
하니ㅇ은 刑務所케-무쇼로 가서 30년쯤 反省하ㅇ세-를 하게 되는데, 罪츠 06罪 죄
미가 重い오모이하면 死刑시께-되기도 하지요.

본문 단어 & 문법

殺人(사쯔진) 살인 殺す(코로스) 죽이다 誘拐(유-까이) 유괴 育てる(소다떼루) 기르다
指紋(시모ㄴ) 지문 目撃者(모꾸게끼샤) 목격자 証拠(쇼-꼬) 증거
被害者(히가이샤) 피해자 痛い(이따이) 아프다 容疑者(요-기샤) 용의자
弁護士(베ㄴ고시) 변호사 権利(케ㄴ리) 권리 重い(오모이) 무겁다

07 **すり** 소매치기

08 **泥棒** 도둑

09 **犯す** 범하다

길거리에서 **すり** 소매치기를 당하면 **大声で** 큰 소리로 외쳐야 해요!
どろぼう 도둑이야~

그런데 **ひとあし** 인적가 드문 **道** 미찌 **で どろぼう**~ 하고 외치다간 잘 못하면 **こそどろ** 좀도둑가 **強盗** 고-또-로 돌변하는 수가 있으니까 눈치껏 하세요. 그리고 외국 **で うたがい** 의심 받을 짓은 아예 하지 않는게 좋습니다. 무단 **横断** 오-다- 같은 작은 **罪** 츠미라도 절대 **おかす** 범하다 하지 마세요.

본문 단어 & 문법

大声(오-고에) 큰 소리   道(미찌) 길   強盗(고-또-) 강도   横断(오-다이) 횡단
罪(츠미) 죄

犯罪하ㄴ자이 다음으로 怖い코와이한 것은 事故지꼬입니다.

미안~ 또 事故사고 쳤어~ 할 때 그 事故지꼬가 아니구요.

事故 중에 가장 흔한 것이 交通코-쯔-事故인데요. これは さける피하다할 수도 없죠. 正面쇼-메ㄴ衝突쇼-또쯔든 接触세ㅅ쇼꾸事故든 交通事故 한 번 안 당해본 人 있다면 아마 그 사람은 車쿠루마를 안 타고 다니는 사람일 거예요. もし만약 交通事故に 遭って아ㅅ떼 움직일 수 없을 땐 주변에 助け타스께を 求める모또메루해야 해요.

交通事故

助けて타스께떼 ください. 救急車큐-뀨-샤 呼んで요ㄴ데 ください.

火事까지도 정말 怖い코와이です. 일본 갔다가 집에 왔는데 火事で 집が 홀라당 燃える모에루해버렸다고 생각해보세요. 本当に혼또-니 앞으로 살 날이 막막하겠지요? 그러니 火事は 予防요보-에 힘써야겠고요 작은 火種히다네도 다시 보는 철저함을 身미に 익혀야 합니다.

¹⁰火事 화재

きえた꺼진 火도 불도 もう 一度다시 한 번 たしかめよう확인하자!

본문 단어 & 문법

怖い (코와이) 무섭다　事故 (지꼬) 사고　交通事故 (코-쯔-지꼬) 교통사고
正面衝突 (쇼-메ㄴ쇼-또쯔) 정면충돌　接触 (세ㅅ쇼꾸) 접촉　車 (쿠루마) 차　遭う (아우) 당하다
助け (타스께) 도움　救急車 (큐-뀨-샤) 구급차　燃える (모에루) 불타다
予防 (요보-) 예방　火種 (히다네) 불씨　身 (미) 몸

この単語 코노타ㅇ고、覚えて 오보에떼 いますか 이마스까?
이 단어, 기억하고 있습니까?

범죄 •	• 事故	• すり
사건 •	• 泥坊	• さばん
사고 •	• 事件	• つみ
살인자 •	• スリ	• じこ
재판 •	• 裁判	• すり
죄 •	• 犯罪	• かじ
소매치기 •	• 犯す	• どろぼう
도둑 •	• 罪	• ひとごろし
범하다 •	• 火事	• おかす
화재 •	• 人殺し	• じけん

CHAPTER 039

자연시젠 재해시젠사이가이
自然 災害

하루에 딱 10단어!

word preview 039

01 지시o **地震** 지진
02 츠나미 **津波** 쓰나미(지진해일)
03 타이후- **台風** 태풍
04 오-아메 **大雨** 폭우
05 오-유끼 **大雪** 폭설
06 야마꾸즈레 **山崩れ** 산사태
07 히데리 **日照り** 가뭄
08 야마까지 **山火事** 산불
09 후세구 **防ぐ** 막다, 방지하다
10 요보- **予防** 예방

CHAPTER 039

자연시제ㄴ 재해사이가이
自然 災害

01 地震 지진

일본 하면 생각나는 것 중 하나가 바로 **火山**카자ㄴ과 **地震**지시ㄴ입니다. 일본은 환태평양지진대에 위치해 있기 때문에 **年中**네ㄴ쥬– 크고 작은 **地震**が **絶える**타에루하지 않죠. 그래서 **まあまあな**고만고만한 지진은 '어, **モーニング**모닝 **地震**か?' 하고 **何気なく**나니게나꾸 넘어간답니다. 가끔 **建物**타떼모노가 **ゆれる**흔들리다하고 선반の 위の **もの**が 쏟아질 정도로 **大きい**오–끼–한 **地震**이 나기도 하는데요, **その 場合**를 대비해서 **机**츠꾸에とか **テーブル**の **下**시따로 들어가서 **待つ**마쯔하는 **練習**레ㄴ슈–를 수시로 하고 있습니다.

본문 단어 & 문법

火山(카자ㄴ) 화산　年中(네ㄴ쥬–) 연중　絶える(타에루) 끊이다
何気ない(나니게나이) 태연하다　建物(타떼모노) 건물　もの(모노) 것, 물건
机(츠꾸에) 책상　待つ(마쯔) 기다리다　練習(레ㄴ슈–) 연습

日本の 전통 住宅(쥬-따꾸)は 木造(모꾸조-) 건물인데, 家が くずれる(무너지다)해도 인명 被害(히가이)가 적고, 木(키)를 再活用(사이까쯔요-)해서 다시 집을 建てる(할) 수 있기 때문입니다. ところが(그러나) 땅에서 나는 地震より 海(우미)で 起こる(오꼬루) 地震の方(호-)が 훨씬 무섭답니다. 해저 地震は 津波(츠나미)를 몰고 오기 때문이죠. 津(츠)는 크다, 波(나미)は 파도라는 뜻이에요. 福島(후꾸시마) 原発(게ㅁ빠쯔)도 津波の せいで(때문에) 그렇게 된 거랍니다.

それだけ(그뿐) ではありません. 여름이 되면 台風(타이후-)가 피해 가는 일이 없어요. 強い(츠요이) 風(카제)と과 雨(아메)를 동반하는 台風は 毎年(마이또시) 많은 재산 被害를 냅니다. 역시 自然(시젠)の力(치까라)の 前(마에)では 人間(니ㅇ게ㄴ)と(이라고) いう(하는)ものは(것은) 무력할 뿐이죠.

木造住宅

02 津波 쓰나미

03 台風 태풍

본문 단어 & 문법

住宅(쥬-따꾸) 주택 木造(모꾸조-) 목조 被害(히가이) 피해 木(키) 나무
再活用(사이까쯔요-) 재활용 建てる(타떼루) 짓다 起こる(오꼬루) 발생하다
原発(게ㅁ빠쯔) 원자력발전소 せい(세-) 탓 強い(츠요이) 강하다
毎年(마이또시) 매년 力(치까라) 힘

⁰⁴ **大雨** 폭우
⁰⁵ **山崩れ** 산사태
⁰⁶ **日照り** 가뭄
⁰⁷ **大雪** 폭설

雨가 한꺼번에 너무 많이 **降る**후루하는 **大雨**오-아메가 오면 **洪水**교-스이가 나고 **山崩れ**야마꾸즈레도 납니다. **崩れる는** 무너지다니까, 산사태를 **ことです**말하는 겁니다. 비가 너무 많이 오는 것도 문제지만, 너무 오랫동안 **雨が 降らない**하면 **日照り**히데리가 되지요. **日**히는 '태양'이고, **照る**테루는 '내리쬐다'니까 **これは** 가뭄입니다. **冬**후유면 일이 좀 심각해져요. **東京** 근처는 **冬にも 雪が 降る**하는 일이 드물고 어지간해서는 **積もる**쯔츠루하지도 않습니다. **大雪**오-유끼에 대한 준비가 부족하기 **から**때문에 눈이 **すこしでも**조금이라도 **積もる**하면 시내**の 交通が 麻痺**마히되고 맙니다. 뭐든 적당한 게 좋은 것 같아요.

본문 단어 & 문법

降る(후루) 내리다 **供水**(교-스이) 홍수 **冬**(후유) 겨울 **積もる**(츠모루) 쌓이다
麻痺(마히) 마비

산でも 항상 きをつける정신 차리다해야 해요. 잘못하다가 山火事야마

08 山火事 산불

까지라도 내면 수천 년 된 森모리が 한순간에 灰の山하이노야마가 되어버

릴 수도 있거든요. 생각해보면 危険키께ㅇ은 항상 우리를 따라다니는

가 봐요. 自然災害시제ㄴ사이가이は 人間니ㅇ게ㄴの 力치까라では로는 防ぐ후세구

09 防ぐ 막다

하는 것은 できない할 수 없다하지만 미리 준비해서 피해를 줄일 수는

10 予防 예방

있습니다.

본문 단어 & 문법

気をつける(키오쯔께루) 정신차리다   森(모리) 숲   灰(하이) 재   灰の山(하이노야마) 잿더미
危険(키께ㅇ) 위험

この単語 코노타○고、覚えて 오보에떼 いますか 이마스까?

이 단어, 기억하고 있습니까?

지진 ·	· 台風	· つなみ
지진해일 ·	· 大雨	· よぼう
태풍 ·	· 地震	· じしん
폭우 ·	· 日照り	· やまくずれ
폭설 ·	· 予防	· やまかじ
산사태 ·	· 大雪	· たいふう
가뭄 ·	· 山崩れ	· おおあめ
산불 ·	· 津波	· ひでり
막다, 방지하다 ·	· 防ぐ	· ふせぐ
예방 ·	· 山火事	· おおゆき

CHAPTER 040

대출은 카시다시와 은행에서 기ㅇ꼬-데
貸し出しは 銀行で

하루에 딱 10단어!

하루 일본어 첫걸음
어휘 확장팩
VOCABULARY EXPANSION PACKAGE

word preview 040

01 오까네 **お金** 돈
02 사쯔 **札** (만원)권
03 코이ㅇ **コイン** 동전(coin)
04 타까라꾸지 **宝くじ** 복권
05 카부시끼 **株式** 주식
06 자ㄴ다까 **残高** 잔고, 잔액
07 카리루 **借りる** 빌리다
08 카스 **貸す** 빌려주다
09 카에스 **返す** 갚다, 돌려주다
10 카시다시 **貸し出し** 대출
11 사라끼ㅇ **サラ金** 직장인 소액 신용대출
12 야미끼ㅇ **やみ金** 불법 사채
13 샤ㄱ끼ㅇ **借金** 빚
14 에-티-에무 **エーティーエム** ATM(Automatic Teller Machine)
15 네ㅅ또바ㅇ끼ㅇ구 **ネットバンキング** 인터넷뱅킹(network banking)

265

CHAPTER 040

대출은 카시다시와 은행에서 기ㅇ꼬-데
貸し出しは 銀行で

01 お金 돈
02 札 지폐
03 コイン 동전

돈을 **お金**오까네라고 합니다. **よく 聞いて**들어 **みましたでしょう**보셨겠지요? 지폐는 **紙幣**시헤-라고도 하는데, 주로 **紙幣**의 액수에 **札**사쯔를 붙여서 천 엔짜리 **紙幣**를 **千円札**세0에ㄴ사쯔라고 합니다. 특이하게 만 엔짜리에는 앞에 **一**이찌를 붙여서 **一万円**이찌마ㅇ에ㄴと 합니다. 우리는 그냥 만 원 그러는데 말이죠. 동전은 **コイン**이라고 하고 잔돈은 **おつり**라고 합니다.

財布사이후에 **一万円札**사쯔가 빵빵하게 들어 있으면 얼마나 **心強い**코꼬로즈요이할까요? 그러나 **最近**는 지갑에 **お金**는 없고 **クレジットカード**와 **レシート** 때문에 **財布**가 빵빵한 **人**가 많답니다.

본문 단어 & 문법

聞く (키꾸) 듣다   紙幣 (시헤-) 지폐   財布 (사이후) 지갑   レシート (레시-또) 영수증

お金를 많이 持つ모쯔한 사람을 金持ち카네모찌라고 합니다. 어떻게 하면 金持ち가 될 수 있을까요? 로또 宝くじ타까라쿠지에 あたる맞다하면 됩니다. 株式카부시끼가 대박나도 되고요. 아니면 銀行強盗기ㅇ꼬-고-도-라도 해야죠.

04 宝くじ 복권
05 株式 주식

요즘은 カード를 많이 쓰니까 사실 現金게ㅇ끼ㄴで 払うぁ라우할 일은 별로 없어요. 一時払い이찌지바라이는 물론이고 高い ものは 24ヶ月게쯔 分割払い부ㅇ까쯔바라이로도 살 수 있답니다. 그렇지만 항상 通帳츠-쵸-の 残高자ㄴ다까를 잘 확인해야겠죠? 自動지도-引き落とし히끼오또시가 되기 때문에 請求書세-뀨-쇼 볼 일도 없지만요. 어쩐지 자꾸 残高가 저절로 落とす떨어지다되더라니.

06 残高 잔고

본문 단어 & 문법

持つ(모쯔) 가지다　銀行強盗(기ㅇ꼬-꼬-도) 은행강도　現金(게ㅇ끼ㅇ) 현금
一時払い(이찌지바라이) 일시불　分割払い(부ㅇ까쯔바라이) 할부　通帳(츠-쵸-) 통장
自動引き落とし(지도-히끼오또시) 자동이체　請求書(세-뀨-쇼) 청구서

07 借りる 빌리다

お金が ない하면 家族に 무利子리시로 借りる카리루하는 게 가장 좋습니다. 返す카에스하지 않아도 되잖아요! まさか설마 가족을 고소하겠어요? 人に남에게 무언가를 빌려오는 것은 借りる카리루, 빌려주는 것은

08 貸す 빌려주다

貸す카스입니다. 돌려주는 것은 返す카에스입니다. 헷갈리지만 잘 알아

09 返す 갚다

두셔야 해요.

一万円만 엔만 貸して빌려 くれない줄래?

友だちに친구에게 借りた빌린 本を책을 返した돌려주었다.

10 貸し出し 대출

가족に 버림받았다면 어쩔 수 없이 貸し出し카시다시를 받아야 해

11 サラ金 소액신용대출

요. 주의할 것은 꼭 銀行から 받아야 한다는 것. 급하다고 サラ金사라끼。에서 貸し出し받았다간 신용등급 떨어집니다! サラ金은 サラリーマン金融키o유를 줄인 말인데 직장인을 위한 無担保무타口뽀 小額코가꾸 信用시o요- 貸し付け카시쯔께를 말합니다. 산뽕머니, 러시뽕캐시のようなものです. 利子가 아주 아주 高いです. 그나마 신체포기각서 써주

12 闇金 불법사채

고 무서운 아저씨들한테 やみ金야미끼。 빌리는 것보단 낫지만요. やみ는 '어둠'이란 뜻이에요.

13 借金 빚

어쨌든 借金샤っ끼。이 있으면 발 뻗고 자긴 힘들어요.

消費쇼-히는 計画的케-까꾸떼끼에, 貸し出し카시다시는 銀行기o꼬-で!

본문 단어 & 문법

利子(리시) 이자 銀行(기o꼬-) 은행 金融(키o유-) 금융 無担保(무따口뽀) 무담보
小額(코가꾸) 소액 信用(시o요-) 신용 貸し付け(카시쯔께) 대출 消費(쇼-히) 소비
計画的(케-까꾸떼끼) 계획적

열심히 **はたらく**일하다해서 **かせぐ**벌다하고 꼬박꼬박 은행에 **積み金**적츠미끼o을 들어야죠! 그것도 다달이 일정 **金額**키o가꾸을 **払い込む**하라이꼬무하는 **定期**테-끼**積み金**이 一番 좋아요. **お金を たくわえる**모으다려면 **残る**노꼬루하는 **お金**을 **貯金**쵸끼o하는 게 아니라 **預金**요끼o. 먼저 하고 나서 아껴서 써야 한답니다. **貯金**저금은 액수가 좀 적은 돈을 아무 때나 **通帳**츠-쵸-에 넣어 모은 돈이고요. **預金**예금은 액수가 큰 돈을 한꺼번에 넣어 둔 거랍니다. 약간 다르죠?

저는 한번 통장에 **入金**뉴-끼o한 **お金**은 절대 **引き出す**히끼다스하지 않는답니다. **実**지쯔**は 銀行** 가기가 너무 귀찮아서요. 근데 요즘은 **キャッシュカード**현금카드만 있으면 아무 **エーティーエム**ATM에서 **キャッシング**출금가 가능하지만, **その カードを 作る**만들기**ために**위해서 은행에 가야 하는데 그게 **また**또 귀찮아서~ 그냥 **財布**사이후에 빳빳한 **紙幣**시헤-를 **いっぱい 入れる**이레루해서 다닌답니다. **コイン**은 소리가 나서 싫어요. 그래서 **コンビニ**에서 지폐를 주고 이런 말을 하지요. ~

おつりは잔돈은 **いいです**됐어요!

[14]**エーティーエム** ATM

혹시 **お金が ありあまる**너무 많다하신 분 계시면 제 **通帳**로 **送金**소-끼o. 좀 해주세요. **いま 残高**자니다까**が ゼロ**라구요. **ネットバンキングで 口座**코-자 **振り込み**후리꼬미할 때는 **暗証番号**아n쇼-바o고-가 새어나가지 않도록 주의하시고요.

[15]**ネットバンキング**
인터넷뱅킹

본문 단어 & 문법

積み金(츠미끼o) 적금   金額(키o가꾸) 금액   払い込む(하라이꼬무) 불입하다   定期(테-끼) 정기
残る(노꼬루) 남다   預金(요끼o) 예금   貯金(쵸끼o) 저금   入金(뉴-끼o) 입금
引き出す(히끼다스) 돈을 찾다   おろす(오로스) 돈을 찾다   振り込み(후리꼬미) 계좌이체
実は(지쯔와) 실은   入れる(이레루) 넣다   送金(소-끼o) 송금   口座(코-자) 계좌, 구좌

この単語、覚えていますか？ 코노타ㅇ고 오보에떼 이마스까

이 단어, 기억하고 있습니까?

돈	借りる	さつ
(만원)권	コイン	かしだし
동전	お金	やみきん
복권	札	かりる
주식	借金	ざんだか
잔액	株式	たからくじ
빌리다	残高	えーてぃーえむ
빌려주다	宝くじ	かす
돌려주다	貸し出し	おかね
대출	ネットバンキング	こいん
소액 신용대출	闇金	かぶしき
불법 사채	エーティーエム	かえす
빚	貸す	ねっとばんきんぐ
ATM	返す	しゃっきん
인터넷뱅킹	サラ金	さらきん

CHAPTER 041

숫자를 스-지오 세다 카조에루
数字を 数える

하루에 딱 10단어!

하루 일본어 첫걸음
어휘 확장팩
VOCABULARY EXPANSION PACKAGE

word preview 041

01 스-지 **数字** 숫자
02 카조에루 **数える** 세다, 헤아리다
03 이찌 니 사o **いち に さん** 일 이 삼
04 요o 고 로꾸 **よん ご ろく** 사 오 륙
05 나나 하찌 큐- **なな はち きゅう** 칠 팔 구
06 쥬- **じゅう** 십
07 햐꾸 **ひゃく** 백
08 세o **せん** 천
09 마o **まん** 만
10 오꾸 **おく** 억

CHAPTER 041

숫자를 스-지오 세다 카조에루
数字を 数える

01 数字 숫자 　　数字스-지를 かぞえる헤아리다하는 것은 의외로 易しい야사시-합니다.
02 数える 세다 　1부터 10까지만 알면 그걸 조합해서 99까지 作る츠꾸루할 수가 있거든
　　　　　　　요. 그럼 数字를 공부하기 前마에に 입을 먼저 풀어みましょうか? 한
03 一 일 　　　　번 따라 読む요무해보세요.

　　二 이 　　　이찌, 니, 사ㄴ, 시, 고, 로꾸, 시찌, 하찌, 큐-, 쥬-

　　三 삼 　　　이제 ひらがな를 見る하면서~

04 四 사 　　　いち, に, さん, し, ご, ろく, しち, はち, きゅう, じゅう

　　五 오 　　　이제 漢字카ㄴ지를 見ながら~

　　六 육 　　　一, 二, 三, 四, 五, 六, 七, 八, 九, 十

05 七 칠 　　　자, 이제 十から 一まで~

　　八 팔 　　　쥬-, 큐-, 하찌...

　　九 구 　　　逆갸꾸に 数える카조에루할 수 있으면 숫자는 다 외운 겁니다.

본문 단어 & 문법

易しい (야사시-) 쉽다　作る (츠꾸루) 만들다　読む (요무) 읽다　逆 (갸꾸) 거꾸로, 역으로

다 좋은데, 외국어가 이렇게 **やさしい**쉽다할 리가 없지요.

四시는 한자 발음대로 **読む**요무한 건데, 이게 죽을 사死와 발음이 같아요. 그래서 재수 없다고 **し**가 아니라 **よん**으로 읽어요. 마찬가지로 **七**시찌는 잃을 실失시쯔과 발음이 비슷해서 **なな**라고 읽는답니다.

일본사람 은근히 **気が小さい**소심하다하죠?

그럼 다시 한 번 **読んでみましょう**읽어봅시다.

이찌, 니, 사ㄴ, 요o, 고, 로꾸, 나나, 하찌, 큐-, 쥬-

ひらがなを 見ながら〜

いち, に, さん, よん, ご, ろく, なな, はち, きゅう, じゅう   **06**＋십

이제 **応用**오-요-해볼까요?

11은 **じゅう**쥬- **いち**이찌

20은 **に**니 **じゅう**쥬-

33은 **さん**사ㄴ **じゅう**쥬- **さん**사o

40은 **よん**요ㄴ **じゅう**쥬-

64는 **ろく**로꾸 **じゅう**쥬- **よん**요o

98은 **きゅう**큐- **じゅう**쥬- **はち**하찌

백 이상부터는 新しい아따라시-한 단위가 登場토-죠-します.

백, 천, 만, 억

ひゃく, せん, まん, おく

百햐꾸, 千세o, 万마o, 億오꾸,

また 応用오-요-です.

154는 ひゃく ごじゅう よん

482는 よん ひゃく はち じゅう に

726은 なな ひゃく にじゅう ろく

07 百 백

08 千 천

근데 3과 6과 8이 문제아입니다. 3, 6, 8이 百햐꾸나 千세o하고 会う아우하면 발음이 바뀌거든요.

이 삼육팔 같은 やつ짜식들.

3,333은 さんぜん사ㄴ제o さんびゃく사ㅁ뱌꾸 さんじゅう사ㄴ쥬- さん사o

2,622는 にせん니세o ろっぴゃく로ㅂ뺘꾸 にじゅう니쥬- に니

1,889는 せん세o はっぴゃく하ㅂ뺘꾸

8,888은 はっせん하ㅅ세o はっぴゃく하ㅂ뺘꾸 はちじゅう하찌쥬- はち하찌

본문 단어 & 문법

登場(토-쬬-) 등장　新しい(아따라시-) 새롭다　応用(오-요-) 응용　会う(아우) 만나다

276

万마ㅇ은 이 노래 하나면 끝납니다.   09 万 만

금강산 찾아가자 일만이천봉~

10,000엔을 나타낼 때, 우리는 그냥 만 엔이라고 하지만 일본사람들은 앞에 꼭 1을 붙여서 '이찌마ㅇ에ㅇ'이라고 읽어요.

다시 한 번 繰り返し쿠리까에시~

금강산 찾아가자 一万二千이찌마ㅇ니세ㅇ 봉~

億오꾸는 별로 설명할 것이 없어요. 너무 단위가 큰 数字라 일상생   10 億 억
활에서는 잘 쓰이지도 않아요. 基本的키호ㄴ떼끼な 数字 몇 가지 읽어보
는 걸로 마치도록 하겠어요.

35

128

845

690

3,500

6,471

8,424

16,825

본문 단어 & 문법

繰り返す (쿠리카에스) 반복하다, 되풀이하다

この単語、覚えていますか?
이 단어, 기억하고 있습니까?

일 •	• さん
이 •	• じゅう
삼 •	• まん
사 •	• いち
오 •	• なな
육 •	• よん
칠 •	• ご
팔 •	• おく
구 •	• せん
십 •	• きゅう
백 •	• に
천 •	• はち
만 •	• ひゃく
억 •	• ろく

CHAPTER 042

맥주비-루 한 병이ㅂ뽀o 고양이네꼬 한 마리이ㅂ삐끼
ビール一本 猫一匹

하루에 딱 10단어!

하루
일본어 첫걸음
어휘 확장팩
VOCABULARY EXPANSION PACKAGE

word preview 042

01 히또쯔 **ひとつ** 하나
02 후따쯔 **ふたつ** 둘
03 밋쯔 **みっつ** 셋
04 욧쯔 **よっつ** 넷
05 이쯔쯔 **いつつ** 다섯
06 히또리 **ひとり** 한 사람
07 후따리 **ふたり** 두 사람
08 하따찌 **はたち** 스무 살

CHAPTER 042

맥주비-루 한 병이ㅂ뽀ㅇ 고양이네꼬 한 마리이ㅂ삐끼
ビール一本 猫一匹

01 ひとつ 하나	우리도 '일이삼사'と 漢字카ㄴ지 발음으로 읽을 때가 있지만 개수를 셀 때는 '하나둘셋넷'と 읽을 때가 있잖아요? 일본도 마찬가집니다. '이찌니산시'는 한자 발음이고요, 和語와고로 읽을 땐 '히또쯔 후따쯔 밋쯔 욧쯔'라고 해요. まず우선 舌시따 좀 풀고요~
02 ふたつ 둘	
03 みっつ 셋	
04 よっつ 넷	ひとつ히또쯔 ふたつ후따쯔 みっつ밋쯔 よっつ욧쯔 いつつ이쯔쯔
05 いつつ 다섯	むっつ무ㅅ쯔 ななつ나나쯔 やっつ야ㅅ쯔 ここのつ코꼬노쯔 とお토-
むっつ 여섯	자, 이제 漢字 보면서 最後~
ななつ 일곱	一つ 二つ 三つ 四つ 五つ
やっつ 여덟	六つ 七つ 八つ 九つ 十
ここのつ 아홉	잘 모르겠으면 最初사이쇼부터 繰り返し쿠리까에시~
とお 열	

본문 단어 & 문법

漢字(카ㄴ지) 한자 和語(와고) 일본 고유어 舌(시따) 혀 最後(사이고) 마지막
最初(사이쇼) 처음 繰り返し(쿠리까에시) 반복

사람을 세는 단위는 기본적으로 人にん입니다.

5명이면? 그렇죠. ご人にん.

3명이면? 그렇죠. さん人.

4명는 よん人이 아니고 よ人.

근데 1명하고 2명은 좀 달라요.

一人라고 쓰고 ひとり라고 읽고요, 二人라고 쓰고 ふたり라고 읽어요. 3명부터는 숫자 뒤에 人にん을 붙이면 됩니다.

06 ひとり 한 명
07 ふたり 두 명

그럼 이제 물건을 세는 단위를 알아볼게요.

紙카미처럼 얇은 물건은 숫자 뒤에 枚마이를 붙이면 됩니다.

枚 매, 장

1장은 いち枚마이

2장은 に枚

4장은 よん枚

본문 단어 & 문법

紙(카미) 종이

本 병, 자루   ほそい가늘다하고 長い나가이한 物모노는 숫자 うしろ뒤에 本호。을 붙여요.

맥주 2병은 ビール に 本호。

우산 5자루는 傘카사 ご本

근데 こいつ이놈도 1, 3, 6, 8, 10하고 만나면 발음이 바뀝니다.

一本이ㅂ뽀。, 三本사ㅁ보。, 六本로ㅂ뽀。, 八本하ㅂ뽀。, 十本쥬ㅂ뽀。

匹 마리   고양이나 강아지처럼 ちいさな작은 動物도-부쯔は 匹히끼라는 단위를 써요. 읽는 법은 本호。과 마찬가지로 1, 3, 6, 8, 10하고 만나면 발음이 바뀝니다.

고양이 2마리는 猫네꼬 に匹히끼

강아지 4마리는 子犬 よん匹

一匹이ㅂ삐끼, 三匹사ㅁ비끼, 六匹로ㅂ삐끼, 八匹하ㅂ삐끼, 十匹쥬ㅂ삐끼

頭 두, 마리   동물이라도 馬우마나 牛우시처럼 몸집이 큰 동물은 頭토-를 씁니다.

소 1두는 牛 いっ頭토-

말 4두는 馬 よん頭

본문 단어 & 문법

長い(나가이) 길다   物(모노) 물건, 것   小さな(치-사이) 작다   動物(도-부쯔) 동물

사람의 とし나이는 才사이를 쓰는데요,　　　　　　　　　才세, 살

一才이ㅅ사이　二才니사이　三才사ㄴ사이　四才요ㄴ사이　五才고사이　十才쥬ㅅ사이... 이런 식입니다. 주의할 점은 20살은 二十才니쥬ㅅ사이가 아니라 はたち라는 고유어를 씁니다.

二十歳이십세라고 쓰고 はたち라고 읽는다는 점만 주의하시면 とし　　08はたち 스무 살
나이는 이제 끝입니다. 참 쉽죠?

金さんは김상은 おいくつに연세가 몇 なられますか되시나요?

今年올해, 二十歳に스물 なります됩니다.

283

この単語 코노타ㅇ고、覚えて 오보에떼 いますか 이마스까?
이 단어, 기억하고 있습니까?

하나 •	• よっつ
둘 •	• ふたつ
셋 •	• やっつ
넷 •	• とお
다섯 •	• ひとつ
여섯 •	• むっつ
일곱 •	• ひとり
여덟 •	• みっつ
아홉 •	• ふたり
열 •	• ここのつ
한 사람 •	• いつつ
두 사람 •	• ななつ
세 사람 •	• さんにん

CHAPTER 043

Time 시간은 waits for 기다리지 않는다 no one 그 누구도
タイム・ウェイツ・フォー・ノーワン

하루에 딱 10단어!

word preview 043

01 지까ㅇ **時間** 시간
02 지 **時** 시
03 후ㅇ **分** 분
04 뵤- **秒** 초
05 히즈께 **日付け** 날짜
06 가쯔 **月** 월
07 키노- **きのう** 어제
08 쿄- **きょう** 오늘
09 아시따 **あした** 내일
10 코또시 **ことし** 올해

CHAPTER 043

Time waits for no one
タイム・ウェイツ・フォー・ノーワン

⁰¹ 時間 시간

⁰² 日付け 날짜

時間지까ㄴ과 日付けひづけ는 좀 むずかしい어렵다해요. 설명보다 그냥 외우는 것이 상책입니다. 날짜는 매월 1일부터 10일까지는 일본 고유어가 있어요. 일단 외우는 데 까지 외워보고 나중에 달력을 보면서 복습하는 の것が よっぽど훨씬 좋겠네요.

ついたち초하루, **ふつか**초이틀, **みっか**초사흘, **よっか**초나흘, **いつか**초닷새, **むいか**초엿새, **なのか**초이레, **ようか**초여드레, **ここのか**초아흐레, **とおか**열흘

10일 다음에는 숫자 뒤에 日니찌를 붙이면 됩니다.

그런데 주의할 것은 14일, 24일은 **じゅうよんにち**쥬ㅡ요ㄴ니찌, **にじゅうよんにち**니쥬ㅡ요ㄴ니찌가 아니라 **じゅうよっか**쥬ㅡ요ㄱ까, **にじゅうよっか**니쥬ㅡ요ㄱ까가 됩니다. 즉, 4일요ㄱ까은 어디에 붙이더라도 よっか가 된다는 사실, 꼭 기억해두세요.

월은 숫자 뒤에 **月**가쯔를 붙이면 되는데, 예외적으로 월을 나타낼 때는 4와 7은 한자발음으로 **し**사와 **しち**칠라고 읽고, 9는 **きゅう**가 아니라 **く**구로 읽습니다. 왜냐고요? 몰라요. 일본사람 마음이지요.

03月 월

우리나라는 섣달, 동짓달처럼 월을 나타내는 고유명사가 있는데, 일본에도 있어요. 이건 거의 쓰이지 않지만, 사람 **名前**나 **時代劇** 지다이게끼에 가끔 나오니까 알아두시면 좋을 겁니다. 달을 일본 고유어로 **つき**라고 읽는 거 참고하시고요.

1월(정월)　　一月 이찌가쯔 (睦月 무쯔끼)

2월　　　　　二月 니가쯔 (如月 키사라기)

3월　　　　　三月 사ㅇ가쯔 (弥生 야요이)

4월　　　　　四月 시가쯔 (卯月 우즈끼)

5월　　　　　五月 고가쯔 (皐月 사쯔끼)

6월　　　　　六月 로꾸가쯔 (水無月 미나즈끼)

7월　　　　　七月 시찌가쯔 (文月 후미즈끼)

8월　　　　　八月 하찌가쯔 (葉月 하즈끼)

9월　　　　　九月 쿠가쯔 (長月 나가쯔끼)

10월(시월)　　十月 쥬-가쯔 (神無月 카나나즈끼)

11월(동짓달)　十一月 쥬-이찌가쯔 (霜月 시모쯔끼)

12월(섣달)　　十二月 쥬-니가쯔 (師走 시와스)

본문 단어 & 문법

時代劇(지다이게끼) 시대극, 사극

02 時 시
03 分 분
04 秒 초

시간은 우리나라와 같이 **時**지**分**후ㅇ**秒**뵤ㅡ로 나타냅니다. 이것은 아래를 보면 쉽게 알 수 있고요, 발음이 약간 달라지는 것에만 주의하면 됩니다.

時	分	秒
1 いちじ	いっぷん	いちびょう
2 にじ	にふん	にびょう
3 さんじ	さんぷん	さんびょう
4 よじ	よんぷん	よんびょう
5 ごじ	ごふん	ごびょう
6 ろくじ	ろっぷん	ろくびょう
7 ななじ	ななふん	ななびょう
8 はちじ	はっぷん	はちびょう
9 くじ	きゅうふん	きゅうびょう
10 じゅうじ	じゅっぷん	じゅうびょう
11 じゅういちじ		
12 じゅうにじ		

그리고 오전은 **午前**고제ㅇ, 오후는 **午後**고고라고 합니다.

時토끼의 ながれ흐름 역시 설명보다 아래를 보는 게 이해가 빠를 것 같네요.   03 時 때, 시간

　　過去카꼬(과거)　現在게ㄴ자이(현재)　未来미라이(미래)

　　さっき사ㄱ끼(좀 전)　今이마(지금)　あと아또(나중)   04 今 지금

　　きのう키노-(어제)　今日쿄-(오늘)　あした아시따(내일)   05 今日 오늘

　　先週세ㄴ슈-(지난 주)　今週코ㄴ슈-(이번 주)　来週라이슈-(다음 주)

　　先月세ㅇ게쯔(지난 달)　今月코ㅇ게쯔(이번 달)　来月라이게쯔(다음 달)

　　去年쿄네ㅇ(작년)　ことし코또시(올해)　来年라이네ㅇ(내년)   06 今年 올해

참고로 오늘 밤은 **今夜**코ㅇ야, 어젯밤은 **昨夜**유-베라고 하고요, 오늘 아침은 **今朝**케사라고 한답니다. 그리고 요일은 아래처럼 나타냅니다.

　　月曜日(게쯔요-비)월요일, **火曜日**(카요-비)화요일, **水曜日**(스이요-비)수요일

　　木曜日(모꾸요-비)목요일, **金曜日**(키ㅇ요-비)금요일, **土曜日**(도요-비)토요일

　　日曜日(니찌요-비)일요일

근데 일본 사람들 말 줄이는 거 좋아하는 거 아시죠? 과감하게도 '요일'에서 '일'을 빼고 말하기도 합니다. 으 무서워라. 뭐든 다 빼!

　　月曜(게쯔요-)월요일, **金曜**(키ㅇ요-)월요일, **日曜**(니찌요-)월요일처럼요.

　　今度의이번 **土曜**토요일, **歌舞伎町**카부끼쵸 **行かない**안 갈래?   今度 (코ㄴ도)이번

この単語 코노타○고、覚えて 오보에떼 いますか 이마스까?
이 단어, 기억하고 있습니까?

시간 •	• 今年	• がつ
시 •	• 秒	• じ
분 •	• 日付け	• あした
초 •	• 月	• ことし
날짜 •	• 今日	• びょう
월 •	• 分	• きのう
어제 •	• 時間	• じかん
오늘 •	• 明日	• ふん
내일 •	• 昨日	• ひづけ
올해 •	• 時	• きょう

CHAPTER 044

위치와 이찌또 방향 호-꼬-
位置と 方向

하루 일본어 첫걸음
어휘 확장팩
VOCABULARY EXPANSION PACKAGE

하루에 딱 10단어!

word preview 044

01 아루 이루 **あるいる** 있다
02 우에 시따 **上下** 위 아래
03 미기 히다리 **みぎ ひだり** 오른쪽 왼쪽
04 소바 토나리 **そば となり** 곁 옆
05 히가시 니시 **ひがし にし** 동쪽 서쪽
06 미나미 키따 **みなみ きた** 남쪽 북쪽
07 마에 우시로 **まえ うしろ** 앞 뒤
08 나까 소또 **なか そと** 안 밖
09 오모떼 우라 **おもて うら** 겉 속, 앞면 뒷면

CHAPTER 044

위치와 이찌또 방향 호-꼬-
位置と方向

위치に ついて 공부하기 전에, まず우선 문법 딱 두 가지만 짚고 넘어가겠습니다.

1. '~에'는 '~に'를 씁니다.

2. '있다'라는 표현에는 'ある'와 'いる'를 씁니다.

ある는 無生物무세-부쯔나 植物쇼꾸부쯔가 있을 때 쓰이고, いる는 動物도-부쯔나 人히또가 있을 때 쓰입니다. ある는 한자로 有る인데 最初사이쇼から 그 자리에 存在소ㄴ자이한다는 뜻이고, いる는 居る라고 쓰는데, 어디선가 '옮겨와' 앉아 있다는 뜻입니다. 그래서 생물이지만 自分지부ㄴ で 動く우고꾸할 수 없는 植物는 ある로 씁니다. 그럼 본격적으로 位置이찌에 대해서 공부를 始める하지메루하겠습니다.

이 有る 있다
居る 있다

본문 단어 & 문법

~について(니쯔이떼) ~에 대해서   無生物(무세-부쯔) 무생물   植物(쇼꾸부쯔) 식물
動物(도-부쯔) 동물   人(히또) 사람, 남   存在(소ㄴ자이) 존재   自分で(지부ㄴ데) 스스로
動く(우고꾸) 움직이다   始める(하지메루) 시작하다

위는 上우에, 아래는 下시따입니다.

책상の上に 무엇이 있을까요?

本호ㅇ, ノート노트, ボールペン볼펜 등이 있겠지요.

그럼 机츠꾸에の 下には 무엇이 있을까요?

カバン가방, ゴミ쓰레기ばこ통 등이 있겠지요.

하늘の 上には 何が ありますか?

雲쿠모도 있고, 太陽타이요-도 있고, 星호시도 있지요.

그럼 땅の 下には 何が ありますか?

地獄지고꾸가 있지요. 무서운 おに귀신가 있는 곳이요.

02 上 위

下 아래

鬼

본문 단어 & 문법

地獄(지고꾸) 지옥

03 右 오른쪽
左 왼쪽

옆은 기본적으로 **よこ**옆를 씁니다. **ある**어떤 사물의 **みぎ**오른쪽나 **ひだり**왼쪽를 말하는 것인데요. '가로세로' 할 때 '가로'를 나타내기도 합니다.

よこの はばキは 六十로꾸쥬- センチメートルです.

04 側 곁

そば곁라는 말도 쓰는데, '옆'이란 뜻도 되고 '곁'이라는 뜻도 됩니다. 그래서 이런 식으로 많이 쓰입니다.

今夜오늘밤, 私의 **そば**에곁 いて있어くれる줄래?

즉, **そば**는 '가까운 곳'이라는 뜻입니다. 이런 말 들으면 정말 소원이 없겠네요.

隣 이웃

となり이웃라는 말도 옆을 나타냅니다. 미야자키 하야오 감독의 애니메이션 **となりのトトロ** 아시죠? 우리나라에선 '이웃의 토토로'로 알려져 있는데요, 이웃집은 우리 집 바로 옆에 붙어 있기 때문입니다. 電車데ㄴ샤에서 내 옆자리에 앉아 **うるさい**시끄럽다하게 통화하는 사람이 있다면 이렇게 표현할 수 있습니다.

となりの옆 席の자리의 うるさい시끄러운 やつ녀석.

본문 단어 & 문법

今夜(코오야) 오늘밤

'동서남북'은 한자 발음으로 붙여서 읽을 때는 'とうざいなんぼく 토-자이나ㅁ보꾸'라고 읽는데, 따로 읽을 때는 동토-, 서세-, 남나ㅇ, 북호꾸가 됩니다.

西部세-부新宿駅시ㄴ쥬꾸에끼

일본 고유어로는 ひがし동 にし서 みなみ남 きた북라고 읽습니다.

'전후좌우'는 한자로 'ぜん전 ご후 さ좌 ゆう우'라고 읽고, 和語와고로는 まえ앞 うしろ뒤 みぎ오른쪽 ひだり왼쪽라고 읽는데, 漢字가ㄴ지 발음으로는 그다지 읽지 않아요.

안은 なか, 밖은 そと고요. 방 안에 있는 것은 部屋헤야の 中나까に いる이고 밖으로 나가는 것은 外へ소또 出る데루입니다. へ는 방향을 나타내는 조사입니다.

우리가 건물에 들어갈 때 정문이 있는 쪽이 おもて앞면, 후문이 있는 쪽, 그러니까 건물의 뒤쪽을 うら뒷면라고 합니다. 정문은 正門세-모ㄴ이나 表門오모떼모ㄴ이라고 쓰고, 후문은 일본식으로 裏門우라모ㄴ이라고 해요.

멀다, 가깝다는 遠い토-이, 近い치까이라는 형용사입니다. 멀리 있다, 가까이 있다는 遠くにいる, 近くにある라고 합니다. 그러니까 遠く와 近く는 명사라는 ことです. 이 정도만 알면 방향とか이나 위치를 나타내는 말 때문에 불편한 일은 없겠습니다.

西部新宿駅

[05]ひがし 동쪽

にし 서쪽

[06]みざみ 남쪽

きた 북쪽

[07]まえ 앞

うしろ 뒤

[08]なか 안

そと 밖

[09]おもて 앞쪽면

うら 뒷쪽면

裏門

[10]遠い 멀다

近い 가깝다

この単語、覚えていますか?
コノタ○ゴ オボエテ イマスカ
이 단어, 기억하고 있습니까?

있다 (동물) ·		· した
있다 (식물, 무생물) ·		· みなみ
위 ·		· みぎ
아래 ·		· そば
오른쪽 ·		· きた
왼쪽 ·		· まえ
곁 ·		· そと
이웃 ·		· いる
동쪽 ·		· うえ
서쪽 ·		· ひがし
남쪽 ·		· ひだり
북쪽 ·		· うしろ
앞 ·		· ある
뒤 ·		· なか
안 ·		· となり
밖 ·		· にし

CHAPTER 045

고양이네꼬노 손을테오 빌리다카리루
猫の 手を 借りる

하루에 딱 10단어!

하루 일본어 첫걸음
어휘 확장팩
VOCABULARY EXPANSION PACKAGE

word preview 045

01 메가 마와루 **目が回る** 매우 바쁘다
02 카오가 히로이 **顔が広い** 발이 넓다
03 아따마니 쿠루 **頭に来る** 화가 나다
04 테모 아시모 데나이 **手も足も出ない** 속수무책이다
05 네모 하모 나이 **根も葉もない** 근거가 없다
06 하라가 타쯔 **腹が立つ** 화가 나다
07 미즈니 나가스 **水に流す** 지난 일을 잊다
08 호네오 오루 **骨を折る** 고생을 하다
09 테오 키루 **手を切る** 관계를 끊다
10 쿠비니 나루 **首になる** 해고되다

CHAPTER 045

고양이네꼬노 손을테오 빌리다카리루
猫の手を借りる

왜 고양이 손을 빌린다는 거지? 쥐 잡으려고?

그건 일손이 너무 부족해서 낮잠 고양이라도 깨워서 일을 시키고 싶다는 뜻입니다. 도대체 얼마나 바쁘기에 고양이가 자고 있는 것도 아쉬워서 손을 빌리고 싶다는 걸까요?

このように이처럼 관용어는 **単語**타○고가 가진 사전적인 의미로는 그것이 뜻하는 것을 알 수 없고, **その 国の** 문화나 관습을 반영해야만 뜻을 **はっきり**확실히하게 알 수 있는 **ことば**말입니다.

본문 단어 & 문법

慣用語(카○요-고) 관용어 文化(부○까) 문화

298

たとえば예를 들어 '손을 씻다'라는 말의 경우, 사전적으로 해석하자면 手테를 水미즈나 せっけん비누로 깨끗이 하는 것을 말하는데, 慣用語가요-고로 쓰이면 '어떤 나쁜 일을 더 이상 하지 않는다'는 意味이미지요. 慣用語는 그 나라의 文化붕까를 반영하기 때문에 ことわざ속담만큼이나 おもしろい재미있다하답니다. 그럼 먼저 신체와 관련된 관용어부터 알아볼까요?

目が메가 回る마와루 : 눈이 돌다(눈이 돌아갈 정도로 매우 바쁘다)

目が메가 ない나이 : 눈이 없다(눈이 안 보일 정도로 웃을 만큼 매우 좋아하다)

足を아시오 洗う아라우 : 발을 씻다(손을 씻다, 나쁜 짓을 그만두다)

足が아시가 地に찌니 つく츠쿠 : 발이 땅에 닿다(안정되다)

足を아시오 延ばす노바스 : 발을 뻗다(활동영역을 넓히다, 발을 들여놓다)

手を테오 焼く야꾸 : 손을 데다(데다, 애를 먹다)

手を테오 切る키루 : 손을 자르다(관계를 끊다)

顔が카오가 広い히로이 : 얼굴이 넓다(아는 사람이 많다, 발이 넓다)

顔が카오가 売れる우레루 : 얼굴이 팔리다(유명해지다, 쪽팔리다)

首が쿠비가 回らない마와라나이 : 목이 돌아가지 않다(옴짝달싹 못 하다)

首に쿠비니 なる나루 : 모가지가 되다(해고당하다, 잘리다)

首を쿠비오 長くする나가꾸스루 : 목을 길게 하다(목 빠지게 기다리다)

口を쿠찌오 切る키루 : 입을 자르다(말문을 열다)

口を쿠찌오 割る와루 : 입을 쪼개다(이실직고하다, 자백하다)

口が쿠찌가 すべる스베루 : 입이 미끄러지다(말해서는 안 될 것을 말하다)

口を쿠찌오 結ぶ무스부 : 입을 묶다(입을 다물다)

관용어는 그냥 외우기보다는 그 뜻을 알고 쓰면 더 재미있답니다. 일본 문화의 특징을 알 수 있는 재미있는 관용어도 몇 가지 공부해보아요.

頭に아따마니来る쿠루 : 머리에 오다(머리 끝까지 화가 나다, 뚜껑이 열리다)

金に카네니糸目を이또메오つけない츠께나이 : 돈을 끈에 꿸 수 없다(돈을 펑펑 쓰다)

肝に키모니銘じる메-지루 : 간에 새기다(명심하다, 마음에 새기다)

自腹を지바라오切る키루 : 자기 배를 가르다(자기 부담으로 하다)

白い시로이目で메데見る미루 : 하얀 눈으로 보다(흘겨보다, 냉대하다)

高が타까가知れる시레루 : 녹봉을 알 수 있다(뻔하다, 대수롭지 않다)

棚に다나니上げる아게루 : 선반에 올리다(제쳐놓다)

手も테모足も아시모出ない데나이 : 손도 발도 나오지 않는다(속수무책이다)

波に나미니乗る노루 : 파도를 타다(대세의 흐름을 타다, 편승하다)

二の니노足を아시오踏む후무 : 두 발을 딛다(망설이다)

根も네모葉も하모ない나이 : 뿌리도 잎도 없다(근거 없다)

腹が하라가立つ타쯔 : 배가 서다 (화가 나다)

一役히또야꾸買う카우 : 한 역할 사다 (자진해서 나서다)

水に미즈니流す나가스 : 물에 흘리다 (없던 일로 하다)

濡れ衣を누레기누오着せる키세루 : 젖은 옷을 입히다 (누명을 씌우다)

横車を요꼬구루마오おすオス : 수레를 옆으로 밀다 (억지를 쓰다)

目から메까라鱗が우로꼬기落ちる오찌루 : 눈에서 비늘이 떨어진다 (깨닫다)

山が야마가外れる하즈레루 : 산이 빗나가다 (잘못짚다, 이 산이 아닌게벼)

骨を호네오折る오루 : 뼈를 접다 (고생하다)

この単語、覚えていますか？
이 단어, 기억하고 있습니까?

매우 바쁘다 •	• 頭に来る
발이 넓다 •	• 手も足も出ない
화가 나다 •	• 首になる
속수무책이다 •	• 根も葉もない
근거가 없다 •	• 腹が立つ
화가 나다 •	• 目が回る
지난 일을 잊다 •	• 顔が広い
고생을 하다 •	• 水に流す
관계를 끊다 •	• 骨を折る
해고되다 •	• 手を切る

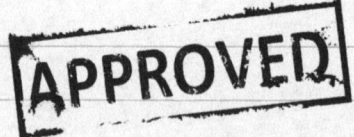

CHAPTER 046

원숭이도 사루모 나무에서 키까라 떨어진다 오찌루
猿も 木から 落ちる

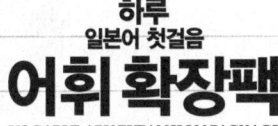

하루에 딱 10단어!

하루 일본어 첫걸음 어휘 확장팩
VOCABULARY EXPANSION PACKAGE

word preview 046

01 사루모 키까라 오찌루 **猿も 木から 落ちる** 원숭이도 나무에서 떨어진다

02 아또노 마쯔리 **後の祭り** 사후 약방문

03 하나요리 다ㅇ고 **花より団子** 금강산도 식후경

04 토나리노 하나와 아까이 **となりの花は赤い** 남의 떡이 크다

05 나끼메니 하찌 **泣き面にハチ** 엎친데 덮친다

06 아사메시마에 **朝飯前** 식은 죽 먹기

07 이시노 우에니모 사ㄴ네ㅇ **石の上にも三年** 돌 위에서도 삼 년

08 모찌와 모찌야 **餅は餅屋** 떡은 떡집에서

09 츠루노 히또꼬에 **鶴の一声** 학의 한 마디

10 이와누가 하나 **言わぬが花** 침묵은 금

303

CHAPTER 046

원숭이도사루모 나무에서키까라 떨어진다오찌루
猿も 木から 落ちる

こと는 말이라는 뜻이고 **わざ**는 기술이라는 뜻です. **ことわざ**속담를 적당히 섞어서 쓰면 대화의 수준이 올라갑니다. 그럼 우리나라와 비슷하면서 실생활에서 자주 쓰는 재미있는 속담부터 알아보죠.

猿も사루모**木から**키까라**落ちる**오찌루 : 원숭이도 나무에서 떨어진다

深い후까이**川は**카와와**静かに**시즈까니**流れる**나가레루 : 깊은 강은 조용히 흐른다
(빈 수레가 요란하다)

後の아또노**祭り**마쯔리 : 축제 끝난 뒤(사후 약방문)

住めば스메바**都**미야꼬 : 살면 교토(정들면 고향)

団子
花より하나요리**団子**다고 : 꽃보다 경단(금강산도 식후경)

安かろう야스까로-**悪かろう**와루까로- : 싸니까 나쁘겠지(싼 게 비지떡)

となりの토나리노**花は**하나와**赤い**아까이 : 옆집 꽃이 붉다(남의 떡이 크다)

生兵法は나마뵤-호-와大怪我の오-께가노もと모또 : 서툰 검법은 큰 상처의 근원
(선무당이 사람 잡는다)

馬の우마노耳に미미니念仏네ㅁ부쯔 : 말 귀에 염불(소 귀에 경 읽기)

一難이찌나ㄴ去って사ㅅ떼また마따一難이찌나ㄴ : 한고비 지나고 또 한고비
(산 넘어 산)

ちりも치리모積もれば츠모레바山と야마또なる나루 : 먼지도 쌓으면 산이 된다(티끌 모아 태산)

田舎の이나까노学問より가꾸모ㅇ요리京の쿄-노昼寝히루네 : 시골 공부보다 교토 낮잠
(말은 제주도로, 사람은 서울로)

泣き面に나끼메ㄴ니蜂하찌 : 우는 얼굴에 벌(엎친 데 덮친다)

海老で에비데鯛を타이오釣る츠루 : 새우로 도미를 낚는다(되로 주고 말로 받는다)

鯛焼き

目糞メ쿠소鼻糞を하나쿠소오笑う와라우 : 눈곱이 코딱지를 비웃는다
(똥 묻은 개 겨 묻은 개 나무란다)

朝아사飯メ시前마에 : 아침 먹기 전(식은 죽 먹기)

腐っても쿠사ㅅ떼모鯛타이 : 썩어도 도미(썩어도 준치)

石橋を이시바시오叩いて타따이떼渡る와따루 : 돌다리를 두드리고 건너다

うわさを우와사오すれば스레바影が카게가さす사ㅅ : 소문을 얘기하면 그림자가 비친다
(호랑이도 제 말하면 온다)

たたけば타따께레바ほこりが호꼬리가出る데루 : 털면 먼지가 나온다

とらぬ토라누たぬきの타누끼노皮카와算用사ㅇ요 : 잡지 않은 너구리 가죽 계산
(떡 줄 사람은 생각도 없는데 김칫국부터 마신다)

寝耳に네미미니水미즈 : 자는 사람 귀에 물 붓기(아닌 밤중에 홍두깨)

壁に카베니耳あり미미아리障子に쇼-지니目あり메아리 : 벽에 귀 있고 문에 눈 있다
(낮 말은 새가 듣고 밤 말은 쥐가 듣는다)

어때요? 세상 사는 거 여기나 거기나 그게 그거죠?

그럼 일본 특유의 속담도 한번 보도록 하죠. 일본 속담을 보면 그 나라 문화나 사정을 잘 알 수 가 있어요.

腹が하라가減ったら헤ㅅ따라戰は이꾸사와できぬ데끼누 : 배가 고프면 전쟁은 못 한다
　　　　　　　　　　　　　　　　　　　　　　(밥 먹고 합시다)

石の이시노上にも우에니모三年산네ㅇ : 돌 위에서도 3년(오래 버티면 버틸 만하다)

桃모모栗쿠리三年산네ㅇ柿카끼八年하찌네ㅇ : 복숭아와 밤은 삼 년, 감은 팔 년
　　　　　　　　　　　　　　　　　　(무언가 이루어지기 위해서는 시간이 필요하다)

餠は모찌와餠屋모찌야 : 떡은 떡집(전문가에게 맡겨라)

そうは소ー와問屋도ㅇ야가おろさない오로사나이 : 그렇게는 도매상이 안 줘요
　　　　　　　　　　　　　　　　　　　(모든 일이 내 마음대로 되지는 않는다)

鶴の츠루노一声히또꼬에 : 학의 한 마디(높은 사람 말 한 마디면 일이 이루어진다)

鶴

臭い쿠사이ものは모노와ふたを후따오する스루 : 냄새나는 것은 뚜껑을 덮는다

過ちは아야마찌와好む코노무所に토꼬로니あり아리 : 실수는 잘 하는 곳에 있다
　　　　　　　　　　　　　　　　　　　　(잘 한다고 생각하는 곳에서 실수가 생긴다)

聞いて키ー떼極樂고꾸라꾸見て미떼地獄지고꾸 : 들으면 극락, 보면 지옥
　　　　　　　　　　　　　　　　　　　　(실제로 보니 듣던 것과 다르다)

鬼の오니노居ぬ間に이누마니洗濯세ㄴ따꾸 : 귀신 없는 틈에 빨래
　　　　　　　　　　　　　　　　　　(윗사람 없을 때 수다 떨기)

三度目の사ㄴ도메노正直쇼ー지끼 : 세 번째의 정직함
　　　　　　　　　　　　(한두 번은 우연일 수도 있지만 세 번째는 실력이다)

酒と사께또朝寝は아사네와貧乏の비ㅁ보ー노近道치까미찌 : 술과 아침잠은 가난의 지름길

恨みほど우라미호도恩を오ㅇㅇ思え오모에 : 원한만큼 은혜를 생각해라(은혜는 쉽게 잊고 원한은 잊지 않는다)

鬼の오니노目にも메니모涙나미다 : 귀신 눈에도 눈물(잔인한 사람의 동정심)

金持ち카네모찌喧嘩せず케o까세즈 : 부자는 싸우지 않는다

待つ마쯔間が마가花하나 : 기다리는 동안이 꽃 (기다리는 동안이 두근거리지 막상 닥치고 나면 별 거 아님)

噛み殺した카미코로시따犬は이누와噛み殺される카미코로사레루 : 물어 죽인 개는 물려 죽는다 (인과 응보)

人の히또노うわさも우와사모七十五日나나쥬고니찌 : 남의 소문도 75일(소문도 시간이 지나면 잠잠해진다)

勝負は쇼ー부와時の토끼노運우o : 승부는 그때의 운

口に쿠찌니密あり미쯔아리腹に하라니剣あり케o아리 : 입에 꿀, 뱃속엔 칼

触らぬ사와라누神に카미니たたりなし타타리나시 : 건드리지 않으면 신의 저주 없다 (긁어 부스럼)　　　금줄

能ある노ー아루鷹は타까와つめを츠메오かくす카꾸스 : 능력 있는 매는 발톱을 숨긴다

言わぬが이와누가花하나 : 말하지 않는 것이 꽃(침묵은 금이다)

この単語コノタンゴ、覚えてオボエて いますかイマスか？
이 단어, 기억하고 있습니까?

원숭이도 나무에서 떨어진다 •	• 後の祭
사후 약방문 •	• 石の上にも三年
금강산도 식후경 •	• となりの花は赤い
남의 떡이 크다 •	• 泣き面にハチ
엎친데 덮친다 •	• 猿も木から落ちる
식은 죽 먹기 •	• 花より団子
돌 위에서도 삼 년 •	• 朝飯前
떡은 떡집에서 •	• 言わぬが花
학의 한 마디 •	• 鶴の一声
침묵은 금 •	• 餅は餅屋

CHAPTER 047

분실물과 와스레모노또 잊으신 물건 오와스레모노
忘れ物と お忘れ物

하루에 딱 10단어!

word preview 047

01 아이떼 **相手** 상대방
02 레-기 **礼儀** 예의
03 이랏샤루 **いらっしゃる** 가시다. 오시다. 계시다
04 메시아가루 **召し上がる** 드시다
05 옷샤루 **おっしゃる** 말씀하시다
06 쿠다사루 **くださる** 주시다
07 나사루 **なさる** 하시다
08 오 **お** 일본 고유어에 붙여서 존경, 정중의 뜻을 나타내는 접두어
09 고 **ご** 한자어에 붙여서 존경, 정중의 뜻을 나타내는 접두어

CHAPTER 047

분실물과 와스레모노또 잊으신 물건 오와스레모노
忘れ物と お忘れ物

한국어와 일본어는 상대를 높이는 존경어와 나를 낮추는 겸양어가 매우 발달했습니다. 그래서 **相手**아이떼에 따라 **文法**부ㅁ뽀-과 **単語**타ㅇ고를 다르게 씁니다. 초보자에게는 조금 어려울 수도 있는데요, 자주 쓰이는 존경어 몇 가지만 알아도 **礼儀**레-기 바른 외국인이 될 수 있답니다.

じゃ, 이제 から 당신 も **礼儀正しい**레-기타다시- 韓国人 に なる のです!

01 相手 상대방
02 礼儀 예의

본문 단어 & 문법

文法(부ㅁ뽀-) 문법　　正しい(타다시-) 바르다　　韓国人(카ㅇ꼬꾸지ㄴ) 한국인
~になる(니나루) ~가 되다

단어가 보통어와 존경어로 나뉘는 경우부터 알아보겠습니다.

行く이꾸는 가다, **いらっしゃる**는 오시다입니다.

来る쿠루도 역시 존경어는 **いらっしゃる**오시다인데, 식당에서 쓰지요.

いらっしゃいませ어서옵셔!

03 いらっしゃる 오시다

いる있다도 존경어는 **いらっしゃる**계시다입니다.

もしもし, 木村키무라先生세니세- いらっしゃいますか계십니까?

いらっしゃる는 다재다능한 단어죠?

食べる먹다와 飲む마시다의 존경어는 **召し上がる**메시아가루입니다.

04 召し上がる 드시다

どうぞ 召し上がってください어서 드세요.

言う말하다의 존경어는 **おっしゃる**말씀하시다입니다.

05 おっしゃる 말씀하시다

何をおっしゃいますか무슨 말씀을 하십니까?

くれる주다의 존경어는 **くださる**주시다입니다.

06 下さる 주시다

レシートを영수증 ください주세요.

する하다의 존경어는 **なさる**하시다입니다.

07 なさる 하시다

お飲み物は음료는何になさいますか무얼로 하시겠습니까?

コーヒーに커피로いたします하겠습니다.

참고로 **いたす**하다는 **する**하다의 겸양어낮춤말입니다.

단어로 존경을 나타내는 경우도 있지만, 때에 따라서는 문법으로 존경의 의미를 나타내기도 합니다. 존경어 만드는 공식이 있긴 있는데요, 쉽지는 않아요.

공식은 お + 동사의 **ます**형 + **に なる**입니다.

書く카꾸는 **お書きに なる**,

帰る카에루는 **お帰りに なる**,

待つ마쯔는 **お待ちに なる**입니다.

村上さんは무라카미씨는 いつ언제 お帰りになりますか돌아오시나요?

근데 **になる** 대신 **する**를 쓰면 반대로 겸양어가 됩니다. 겸양어는 내가 행동을 하는 경우에 쓸 수 있습니다.

書く쓰다는 **お書きする**,

帰る돌아오다는 **お帰りする**,

待つ기다리다는 **お待ちする**가 되죠.

銀行の은행 前で앞에서 お待ちします기다릴게요.

또, 단어에 お나 ご를 붙여 존경의 뜻을 나타내기도 합니다.

話하나시는 말, お話오하나시는 말씀이고요,

忘れ物와스레모노는 분실물, お忘れ物는 잊으신 물건,

案内아나나이는 그냥 안내, ご案内는 어르신을 안내할 때,

飯하o은 밥이라는 뜻인데, ご飯은 '진지'라는 뜻이고요.

잘 보면 단어를 일본식으로 읽을 때는 お를 붙이고요, 案内아나나이처럼 한자 발음 그대로 읽을 때, 그러니까 漢語카o일 때는 ご를 붙입니다. お는 和語와고에 붙어요. 다만, 電話데o와처럼 생활과 밀접한 단어에는 漢語한자어라도 ご가 아니라 お를 붙이더군요. 완전 자기네 마음이죠. 그럼 お와 ご가 붙은 단어를 몇 가지 더 살펴보도록 하겠습니다.

お宅(오타꾸)남의 집, 댁

お電話(오데o와)높은 사람에게 거는 전화

お父さん(오또-사o)아버지, 남의 아버지

お世話(오세와)신세

ご恩(고오o)은혜

ご挨拶(고아이사쯔)높은 사람에게 하는 인사

お弁当(오베ㄴ또-)도시락

08 お 존경 접두어
09 ご 존경 접두어

ご案内

この単語コノタンゴ、覚えてオボエて いますかイマスか?
이 단어, 기억하고 있습니까?

가시다, 오시다, 계시다 •	• めしあがる
드시다 •	• お
말씀하시다 •	• くださる
주시다 •	• おっしゃる
하시다 •	• ご
존경의 접두어(고유어) •	• いらっしゃる
존경의 접두어(한자어) •	• なさる

CHAPTER 048

진짜가 마지데?, 정말이랑게 호ㅁ마야!
マジで？, ほんまや！

하루에 딱 10단어!

하루 일본어 첫걸음
어휘 확장팩
VOCABULARY EXPANSION PACKAGE

word preview 048

01 나마리 **なまり** 사투리
02 오-사까베ㅇ **大阪弁** 오사카 방언
03 호ㅁ마 **ほんま** 참말(정말)
04 마지 **まじ** 진짜(진정)
05 난데야네ㅇ **なんでやねん** 시방 뭐다냐
06 아호 **あほ** 병신
07 오-끼니 **おおきに** 고맙당께
08 와까라ㅇ **わからん** 모른당께
09 메쨔 **めちゃ** 겁나
10 데까이 **でかい** 허벌나게 커부러

315

CHAPTER 048

진짜가?마지데, 정말이랑게!호ㅁ마야
マジで?, ほんまや!

일반인이, 그것도 외국인이 사투리로 대화를 할 일은 거의 없지만 **ドラマや テレビ番組**바ㅇ구미에서 일본 사투리를 심심치 않게 들을 수가 있습니다. 사투리를 **なまり**라고 하는데요, **関西**카ㄴ사이 쪽 **なまり**가 유명해요. 제2의 표준어라고 할까요? **関西** 중에서도 **大阪**오-사까, **京都**쿄-또, **神戸**코-베 사투리가 지방색이 강해요. 우리나라로 치면 전라도? 부산? 그 정도로 생각하시면 됩니다. 그래서 사투리를 쓰는 사람은 괴짜로 표현되는 경우가 많아요. 가장 유명한 건 **大阪** 사투린데요, 그걸 **大阪弁**오-사까벤ㅇ이라고 해요. 그럼 거의 표준어로 정착된 사투리를 몇 가지 알아보겠습니다.

01 **なまり** 사투리
02 **大阪弁** 오사카 사투리

본문 단어 & 문법

番組(바ㅇ구미) TV프로그램

ほんまに진짜가? - ほんとうに정말로?　　　　　　　　　　　　　03 本真 진짜

젊은이들이 많이 썼던 말인데요, 진짜? 하고 반문하는 말입니다. 지금은 모든 국민이 즐겨 쓰고 있습니다. **ほんまに**진짜가? 하고 물으면 **ほんまや**진짜다! 하고 대답하면 됩니다.

まじで참말이가?라고 하는 사람도 많아요.. 그건 **真面目**마지메**に**?를　　04 まじ 참말
줄여서 말하는 거라고 하네요.

なんでやねん워~워~ - **なぜだよ**왜 그런 거야　　　　　　　　　　　05 なんでやねん 워워

이거 대인기죠. 누군가 썰렁한 농담을 해서 분위기가 이상해지면 누군가 꼭 이런 말을 합니다. 우리말로 번역하자면 '왜 그랬어!' 정도인데 뉘앙스를 살리자면 '워~ 워~'가 아닐까 합니다.

あほ빙신! - **ばか**바보!　　　　　　　　　　　　　　　　　　　06 あほ 빙신

우리나라에서 '바보'는 욕이 아니지만, 일본에서는 심한 욕입니다. 그걸 좀 가볍고 귀엽게 사투리로 하면 듣는 사람도 기분이 덜 나쁘겠죠. **あほ** 말고 **ぼけ**라고도 합니다.

07 おおきに 고마워유

おおきに고마워유 - **ありがとうございます**감사합니다

시대극을 보면 자주 나옵니다.

あかん안 돼야! - **だめ**안 돼!

강하게 만류하거나 금지할 때의 표현입니다.

08 分からん 아 몰러

わからん아 몰러 - **わからない**몰라

ない를 ん으로 부드럽게 굴려서 말하는 게 **大阪弁**의 특징이에요.

どないすんのよ웟쩐대 - **どうするんだよ**어떻해요

어쩔 줄 몰라 할 때 쓰는 말인데, 여자들이 하면 귀엽죠.

09 滅茶 겁나
無茶 허벌라

めちゃ겁나, **むちゃ**허벌라 - **とても**아주, **すごく**매우

이것도 **ドラマ**나 영화에서 자주 나와요.

めっちゃ겁나 **すきやねん**좋아부러

むちゃ허벌라게 **うまいや**맛있어부러

생활 속에서 쓰이는 정겨운 단어들도 몇 개 알아보겠습니다.

じじ 할아방

ばば 할망구

おっさん 아재

でかい 겁나 크다

うち 나

특이한 것은 같은 제품 이름이라도 지방에 따라 명칭이 조금 달라요. 이게 바로 関西카니사이 사람들의 プライド자존심입니다!

10 でかい 겁나 크다

デカ盛り 곱곱빼기

도쿄에서는 マック(맥도날드)인데 오사카에서는 マクド고요

도쿄에서는 モス(모스버거)인데 오사카에서는 モスバ고요

도쿄에서는 ミスター(미스터도넛)인데 오사카에서는 ミスド고요

도쿄에서는 ケンタ(KFC)인데 오사카에서는 ケンタッキー고요

도쿄에서는 セブン(세븐일레븐)인데 오사카에서는 セブイレ고요

도쿄에서는 吉野家(요시노야규동)인데 오사카에서는 よしぎゅ고요

도쿄에서는 ポカリ(포카리스웨트)인데 오사카에서는 ポカリス고요

하여간 고집 하고는!

この単語(コノタンゴ)、覚えて(オボエテ)いますか(イマスカ)?
이 단어, 기억하고 있습니까?

참말(정말) •⋯⋯⋯⋯⋯⋯⋯⋯⋯⋯• わからん

진짜(진정) • ⋯⋯⋯⋯⋯⋯⋯⋯• でかい

시방 뭐다냐 • ⋯⋯⋯⋯• ほんま

빙신 • • めちゃ

고맙당께 • • あほ

모른당께 • • おおきに

겁나 • • なんでやねん

허벌나게 커부러 • • まじ